◎万剑 饶媛媛 何东润 著

中国瓷器缠枝纹装饰 清

武汉理工大学出版社

图书在版编目(CIP)数据

中国瓷器缠枝纹装饰·清 / 万剑,饶媛媛,何东润著.—武汉:
武汉理工大学出版社,2023.7

ISBN 978-7-5629-6804-7

Ⅰ.①中…　Ⅱ.①万…　②饶…　③何…　Ⅲ.①瓷器(考古)—器物
纹饰(考古)—研究—中国—清代　Ⅳ.①K876.34

中国国家版本馆 CIP 数据核字(2023)第 085456 号

项目负责人:史卫国　　　　　责任编辑:史卫国
责 任 校 对:李正五　　　　　装帧设计:许伶俐
出 版 发 行:武汉理工大学出版社
网　　　　址:http://www.wutp.com.cn
地　　　　址:武汉市洪山区珞狮路 122 号
邮　　　　编:430070
印　刷　者:武汉精一佳印刷有限公司
发　行　者:各地新华书店
开　　　　本:710 mm×1000 mm　　1/16
印　　　　张:14.5
字　　　　数:284 千字
版　　　　次:2023 年 7 月第 1 版
印　　　　次:2023 年 7 月第 1 次印刷
定　　　　价:288.00 元

(本书如有印装质量问题,请向出版社调换)

缠枝纹或"缠枝花"是中国古代最常见且最具意义和民族特色的装饰纹样之一，曾被广泛运用于各种器物的装饰之中。一般认为，缠枝纹出现于汉代，流行于魏晋南北朝，发展于唐宋，而大盛于元明清三代。在漫长的历史变迁与中外文化交流互动的过程中，随着人们审美观念的变化以及新题材、新元素和新技法的运用，缠枝纹在保持基本骨骼或结构不变的情况下滋生出许多新的形态，到元明清时期，逐渐衍化发展为一个包括缠枝莲花、缠枝牡丹、缠枝菊花、缠枝葡萄、缠枝石榴、缠枝百合、缠枝葫芦、缠枝宝相花、人物鸟兽缠枝纹等在内的、庞大的缠枝纹"家族"。这些千变万化、令人眼花缭乱的缠枝纹饰，不仅是美的、艺术的存在，而且是能够直观表达古代中国人生活与审美观念的文化符号。

◎ 范明华

缠枝纹之所以具有如此经久不衰的历史以及受到广泛认同和普遍欣赏的审美价值，原因大概有四：一是其抽象的、呈"S"形弯曲并向上下左右四方延展的构成骨骼，就像一个代数公式因代入不同数字而产生不同计算结果一样，可以通过代入不同植物元素而呈现出不同的意义。二是它以常青藤、扶芳藤、紫藤、金银花、爬山虎、凌霄、葡萄等藤蔓植物枝杆为骨骼原型，以莲花、牡丹、石榴、葡萄等植物花叶为基本构成元素并呈"S"形分布于器物表面的形态，是一种区别于几何形态的、能够激发出生命想象的有机形态。这种形态或由此形成的波线式二方连续或四方连续图案，从形式上看具有一种循环往复、变化无穷的动态美感，这种美感的生成与中国古代美学向来重视变化、节奏或气韵的表现以及和谐、圆融的境界追求均有着直接的关联，同时也与中国古代哲学一气运化、气脉相连、生生不息的宇宙观念和生命观念密切相关。三是其带有象征意味的符号形式系统，既体现了中国古代"观物取象""立象尽意"的象征性思维方式，延续了先秦两汉以来祈求吉祥和福祉的祥瑞文化传统，同时它所要表达的意义，也与中国古代重生、尚和、尊自然以及追求多福、多贵、多寿、多财等现世价值的人生哲学有着深层的语义关联。四是缠枝纹复杂而有条理的构成，既在形式上与中国古代注重线条的造型艺术传统相一致，同时在文化层面上也与中国古代占主导地位的儒家所倡导的文饰审美观念互为表里。

由于时间久远和应用广泛，缠枝纹饰的研究已经开始超越工艺美术史或装饰艺术史的范畴而具有了文化学、哲学、美学、社会学、民俗学等多种学科的研究价值。在这方面，宁波职业技术学院丝路艺术研究中心团队的研究具有一定的开拓价值。近年来，万剑教授专注于缠枝纹饰研究，并且取得了一系列研究成果，成为该研究领域重要的学者之一。作者曾在 2019 年出版了三十余万字的《中国古代缠枝纹装饰艺术史》一书，系统梳理了中国古代缠枝纹装饰从产生到发展的历史。同时他在原有通史研究的基础上，又致力于中国缠枝纹装饰的断代史和专门史研究，在这一领域继续深耕，以元明清三代瓷器上的缠枝纹饰为研究对象，续写了《中国瓷器缠枝纹装饰》的元、明、清三卷书稿，将缠枝纹饰的研究进一步深化和细化。相较于已经出版的《中国古代缠枝纹装饰艺术史》，这三卷书稿在内容、写作或叙述结构上主要有以下三个新的特点：

一是进一步深化了对缠枝纹饰演变规律的揭示和概括，包括对中国缠枝纹早期历史的追溯以及对元代以后中国缠枝纹饰演变规律的总结。关于缠枝纹的最初来源，学界迄今并无公认的说法，有的认为来自国外，有的认为出自本土，有的认为是本土纹样与外来纹样相互融合的产物。在《〈中国瓷器缠枝纹装饰〉（元）》的开头，万剑教授比较集中地讨论了这个问题，并且倾向于认为缠枝纹是以本土纹饰为基础，通过吸收外来纹饰而逐步形成的。由此，他将缠枝纹的"前史"推到史前，认为新石器时代彩陶纹样中的"波状曲线""涡旋形曲线""S 形曲线"与缠枝纹的骨骼结构具有相同的审美特质，可以将其视为缠枝纹的最初萌芽。此后商周青铜器上的云雷纹、勾连雷纹、涡纹、窃曲纹等曲线装饰以及战国至汉代漆器上的云气纹等更进一步强化了屈曲、流动、变化的意象，并成为缠枝纹中"缠"的意象的重要来源。佛教于东汉传入中国之后，外来的纹样加入到缠枝纹的创造中，其中，经过改造的忍冬纹和卷草纹成为缠枝纹的最初形态，并在魏晋南北朝以后流行和发展开来。元代以后，因国家版图的扩大、欧亚文化的交汇，缠枝纹进一步受到中亚甚至欧洲的影响，由此成为当时瓷器的主要纹饰。就瓷器而言，元代以后瓷器的缠枝纹饰经历了从模仿到创造、从粗犷到纤细、从简约到繁复、从单色到多色的演化。这些讨论和观点符合缠枝纹尤其是瓷器缠枝纹的历史事实，同时也具有一定的启发价值，对于从宏观上把握中国古代缠枝纹饰的历史脉络和艺术特征有一定的帮助。

二是在按照时间顺序尽可能对元明清三代瓷器缠枝纹饰史作出全面叙述的同时，突出不同时代主要发展阶段缠枝纹饰艺术特点的分析比较，并且力求从宏观上勾勒出三个时代瓷器缠枝纹饰的风格特征。这三卷书稿不仅从瓷器的生产和销售、瓷器业的发展以及社会文化和风俗等方面讨论了元明清三代瓷器缠枝纹饰的历史背景，而且也从骨骼、构图、题材、色彩等方面剖析了这三个时代瓷器缠枝纹饰的艺术特色，内容可谓丰富，但在叙述上则各有侧重，如在考察元代瓷器缠枝纹饰时，重点分析的是蒙古草原文化、游牧民族性格和心理以及中亚尤其是伊斯兰纹饰对元代青花瓷缠枝纹的影响；在考察明代瓷器缠枝纹饰时，重点分析的是明代成化年间景德镇窑所产瓷器缠枝纹饰的艺术特色；在考察清代瓷器缠枝纹饰时，重点分析的是清代乾隆年间青花瓷器和珐琅彩瓷器缠枝纹饰的艺术特点。由此总结出元代瓷器缠枝纹饰粗犷明快、明代瓷器缠枝纹饰清新自然、清代瓷器缠枝纹饰繁缛精巧的时代风格特征。

三是在注重对元明清三代瓷器缠枝纹饰总体艺术特征进行准确把握和描绘的基础上，从审美的角度进一步对各个时代瓷器缠枝纹饰的个案进行具体的分析，包括对其形式、手法和意蕴作出分析。从元代以后，缠枝纹饰的题材不断增多，到清代时几乎无所不包。面对众多的题材，这三卷书稿主要选取其中最具普遍意义的缠枝莲花、缠枝牡丹、缠枝菊花、缠枝葫芦、缠枝葡萄、缠枝宝相花等进行风格学和图像学分析，并以大量的插图和附图为例，以图文互证的方式揭示不同时代同一题材在纹饰线条、色彩、构图、形态、创作手法和纹饰语义上的差异。书中的大量图例，特别是书后对大量古代经典瓷器缠枝纹饰图片的细致解读，不仅使得书中的叙述具有了很强的说服力和可读性，同时也为读者认知、熟悉和赏玩中国古代瓷器缠枝纹饰提供了很大的便利。

总的来说，万剑教授团队的《〈中国瓷器缠枝纹装饰〉（元、明、清）》不仅从宏观上揭示了元明清三代瓷器缠枝纹饰的艺术特征和演变规律，而且在诸多细节问题和个别案例的艺术特质分析上也有相当深入的讨论，是一部具有开拓性质且具有相当理论视野和深度的学术著作。

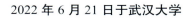

2022 年 6 月 21 日于武汉大学

目录

Contents

Chapter I >>
第一章　清代瓷器装饰艺术

1616 年，努尔哈赤建立后金。1636 年，皇太极在沈阳改国号为大清。1644 年，清军入关。清康熙时，完成了全国的统一，建立起强大的国家政权。经过几十年的休养生息，经济得到恢复和发展，出现了"康乾盛世"。清代工艺美术种类丰富，质量上乘，以康熙、雍正、乾隆三朝为全盛。从瓷器来说，核心生产基地仍然位于江西景德镇，官窑烧造成就巨大，但各地民窑也极为兴盛，取得很大的成就。康熙时期，景德镇御窑厂逐渐恢复完善，瓷器烧造质量不仅恢复且有进步，为雍正、乾隆时的瓷器大发展奠定了坚实的基础。康熙时的青花、五彩、三彩、珐琅彩，雍正时的粉彩、斗彩、青花、颜色釉，乾隆时的转心瓶、转颈瓶、仿古瓷等，均代表了当时世界制瓷和综合艺术的最高水平。

第一节　清代瓷器的发展

清代，可谓是中国古代陶瓷艺术的黄金时期。中国瓷器在这个时期全方位发展，尤其是在康熙、雍正、乾隆时期（清三朝），制瓷技术达到了历史的最高峰。清代瓷器，一方面吸收了前朝先进的制瓷技艺，全面开花，百家争鸣；另一方面有独特的创新和发展，款式多样，新颖独特，尤其是胎釉、色釉、造型、纹饰、款识等各方面精工细作，民族特色鲜明。江西景德镇作为官窑瓷器的烧造中心，成就斐然。景德镇御窑厂集中了全国最优秀的制瓷工匠，投入重金提高质量，仿制古窑器，创新瓷器品种，促进了制瓷技术的全面提升和整个瓷业的发展。清三朝之后，国力逐渐衰弱，瓷器艺术的创新工作停滞，优质产品并不多见。

一、景德镇窑

清初，景德镇制瓷业一度停滞，官窑也并未生产。顺治十一年（1654 年），开始延续明代官窑制度，在景德镇珠山设置御窑厂，"厂跨珠山，周围约三里许"①。蓝浦在《景德镇陶录》中记录："国朝建厂造陶，始于顺治十一年，奉造龙缸……未成。十六年，奉造栏板，……亦未成。十七年，巡抚张朝璘疏请停止。"②康熙十年，曾烧造祭器。康熙十三年，由于吴三桂战乱，景德镇窑业破坏严重。康熙十九年，景德镇窑业开始稳定发展，景德镇也逐渐恢复了往日的繁荣。清朱琰在《陶说》中记载清初人沈怀清说："昌南镇陶器行于九域，施及外洋。事陶之人动以数万计。"③法国传教士昂特雷科莱在康熙五十一年（1712 年）、六十一年（1722 年）写过两封书信，信中描述了景德镇的概况，估计当时景德镇有一万多户人家，一百万人口，窑炉三百多座，雇佣很多的工人。④这是当时西方人眼中的景德镇盛况。乾隆初，唐英在《陶冶图说》中写道："景德镇袤延仅十余里……以陶来四方商贩，民窑二三百区，工匠人夫不下数十万，藉此食者甚众。"⑤这里描绘了一派繁荣的景象。

清代实行"官搭民烧"制度，这种制度在康熙十九年之后，已经成了较为固定的瓷窑烧造模式。"官搭民烧"是付费雇佣民窑劳动力的一种模式。景德镇官窑由御窑厂督办、经办，御窑厂平日有固定的二三十人，作为额定人员。官窑器一般占据最好的民窑中的窑位进行烧造，烧制过程中的损耗要民窑赔偿。御窑厂集中了全国最优秀的制瓷匠人和窑工，不计成本地不断创新瓷器产品，这一方面促进了瓷器技术的进步和景德镇瓷业的整体发展，另一方面也破坏了民窑的烧造秩序，打击了部分民窑的创新积极性。

康熙时期，朝廷会派遣内务府官员至景德镇，驻厂督造，因此开创了以督窑官姓氏称呼官窑的先例。制瓷水平极高的"臧窑""郎窑"的说法就由此而来。康熙年间的"臧窑"，是指臧应选督造的官窑。"臧窑"瓷器，瓷土细腻，质地莹薄，色彩丰富，其中蛇皮绿、鳝鱼黄、吉翠、黄斑点等非常有特色，还有浇黄、浇紫、浇绿、吹红、吹青的色彩非常之美。⑥

根据史料，康熙时，官窑知名的督陶官还有刘源和郎廷极。刘源在康熙时已任刑部主事，并供奉内廷，同时也是宫廷画家和诗人。清康熙五十四年（1715 年）刘廷玑撰写的《在园杂志》（卷四）有这样的记载："至国朝御窑一出，超越前代，其款式规

① 刘晓玉.景德镇陶瓷史·清代卷[M].南昌:江西人民出版社,2016:9.
② 中国硅酸盐学会.中国陶瓷史[M].北京:文物出版社,2009:415-416.
③⑤ 中国硅酸盐学会.中国陶瓷史[M].北京:文物出版社,2009:416.
④ [英]威廉·科斯莫·蒙克豪斯,[英]卜士礼.中国瓷器史[M].邓宏春,译.北京:华文出版社,2021:55.
⑥ 中国硅酸盐学会.中国陶瓷史[M].北京:文物出版社,2009:417.

模，造作精巧，多出于秋官主政伴阮兄之监制焉 。"①《在园杂志》（卷一）对刘源有这样的记载："刑部主事伴阮兄（源），……在内廷供奉时，呈样瓷数百种，烧成绝佳，即民间所谓御窑者是也。"②清代文人设计的图样，比明代由太监设计的纹样要精致雅致许多。康熙初，刘源为景德镇窑设计瓷样数百种③，"源呈瓷样数百种，参古今之式，运以新意，备诸巧妙"④。郎廷极在康熙四十四年（1705 年）至五十一年（1712年）任江西巡抚，这期间监制官窑烧造的瓷器称之为"郎窑"。这在刘廷玑的《在园杂志》（卷四）记载中可以得到验证。"近复郎窑为贵，紫垣中丞公开府西江时所造也。仿古暗合，与真无二。其摹成、宣、黝水颜色，橘皮棕眼，款字酷肖，极难辨别。"⑤郎窑主要模仿宣德御窑和成化御窑的瓷器，最知名的瓷器产品主要为郎窑青花、鲜红、祭青、甜白釉、五彩、斗彩等，其中"郎窑红"名满天下。"郎窑红"的红色，称"牛血红"，色如牛血似猩红，红釉表面散发着玻璃感的光泽。釉汁较厚，在高温烧造时会产生流釉的现象，因此部分"郎窑红"口沿会露出白胎，俗称"灯草边"。

熊窑，在《在园杂志》中有相关记载："更有熊窑，亦不多让 。"⑥在《许谨斋诗稿·癸巳年稿》中有"熊窑端不及郎窑""迩来杰出推郎窑"⑦的诗句。北京故宫博物院所藏的清宫内务府造办处档案中有一些关于熊窑瓷器的记载，例如熊窑双管扁瓶、梅桩笔架、小双管瓶、海棠式洗、纸槌瓶等记录⑧，但至今未找到相对应的实物。

年窑，指的是雍正时期年希尧兼管景德镇御窑厂时期烧造的瓷器产品。年希尧《重修风火神庙碑记》中记载："而员外郎唐候衔命来偕余董其事""由江淮咸萃余之使院，转而供内廷"⑨，员外郎唐英奉皇上之命协助年希尧督造景德镇御窑厂，烧造的优质瓷器经过长江、淮水运输到年希尧的官邸，再送往宫廷。"年器，厂器也，……琢器多卵色，圆类莹素如银，皆兼青彩，或描锥暗花。"⑩

雍正时期，仿古创新瓷器的成就非常突出，从管理者的角度来说，除了年希尧还有唐英。而唐英在创新瓷器方面可称得上一代宗师。唐窑，指的是唐英管理景德镇御窑厂的这段时期制造的瓷器。唐英于雍正六年就至江西景德镇御窑厂"驻厂协理"，其所写的《陶人心语》中有对这段时间的记录。乾隆二年至十九年（除十六年停烧），唐英管理御窑厂，众人皆知，此处不再赘述。《景德镇陶录》记载了唐英的成就，用"深

① ⑤ ⑥　熊廖.中国陶瓷古籍集成：注释本[M].南昌：江西科学技术出版社，2000：88.
②　熊廖.中国陶瓷古籍集成：注释本[M].南昌：江西科学技术出版社，2000：87.
③　尹润生.清代内务府藏康熙朝刘源墨[J].故宫博物院院刊，1980（04）：55-56.
④　刘晓玉.景德镇陶瓷史·清代卷[M].南昌：江西人民出版社，2016：5.
⑦　熊廖.中国陶瓷古籍集成：注释本[M].南昌：江西科学技术出版社，2000：85.
⑧　中国硅酸盐学会.中国陶瓷史[M].北京：文物出版社，2009：418.
⑨　熊廖.中国陶瓷古籍集成：注释本[M].南昌：江西科学技术出版社，2000：89.
⑩　中国硅酸盐学会.中国陶瓷史[M].北京：文物出版社，2009：418.

谙""慎选""集大成者"这些词语来赞美。唐英还撰写了《瓷谕事宜示谕稿》《陶务叙略》《陶成纪事碑记》《陶冶图说》等，已经成为清代制瓷的重要史料，亦是官窑瓷器装饰方面的重要研究成果。

康熙、雍正、乾隆时期，天时、地利、人和，这是景德镇御窑厂取得举世瞩目成就的重要条件。到了清乾隆后期，满洲贵族腐败成风，阶级矛盾日益激化，综合国力逐渐衰弱，景德镇制瓷业逐渐衰落。到了嘉庆时期，大部分景德镇烧造的瓷器质量、品种与前朝无法对比，总体看来只是勉强维持生产。清后期，国力不足，内忧外患，列强入侵，出口锐减，外加景德镇瓷土衰竭，瓷器烧造每况愈下，逐渐衰败。值得一提的是，晚清江西瓷业公司，开创了官商合资、官商合办新模式，这是清代御窑厂通过体制变革，以一种新的形式维持至清代终结的重要原因。

二、宜兴窑

清代，江苏宜兴窑在明代的基础上，其生产的陶器、紫砂、宜钧、日用陶等有了更好的发展。清乾隆之前，宜兴城镇已非常繁华，制陶业是当地的主要经济支柱。遗留至今的明清二代大小龙窑遗址可以为此证明。

宜兴的紫砂器是清代皇宫所用的贡品，在北京故宫博物院所藏的清宫内务府造办处档案中就有记载。[1]紫砂的品种不断增多，除紫砂壶、紫砂茶具之外，紫砂花盆、陈设品、玩具等发展迅速。紫砂壶的造型有仿古和仿生的，仿古的紫砂壶主要是仿制古铜器，有提梁卣、方扁觯、小云雷、分档鬲、索耳鬲等。仿生的造型有仿花仿果的，仿花有莲花、水仙、菱花等，仿果有南瓜、花生、荸荠、橄榄等。清代著名紫砂匠师有明末清初的陈鸣远，雍正、乾隆时期的陈汉文、杨季初、张怀仁等，嘉庆、道光时期的杨彭年、杨凤年、邵大亨等。

宜兴的钧釉陶，在清代发展良好，产品和制作技术传至日本，远至欧洲。从装饰技术来说，基本沿袭明代传统，突出釉彩与刻花装饰。钧釉陶的坯体上可以用各种刀具进行刻划、雕刻，画面的构图层次，图案的浓淡、疏密关系等均可以用刀路体现出来。雕镂技法是直接在泥片上雕镂出纹样，再进行拼接加工。宜钧著名匠师有乾隆、嘉庆年间宜兴丁山的葛明祥、葛源祥兄弟。

宜兴也是清代日用陶器的重要产地之一，烧造历史较长，品种丰富。明万历十七年（1589 年）《宜兴县志·土产》和明末文震亨的《长物志》中均讲述到宜兴的日用陶器品种。[2]从烧造品种来说，具体有日用缸、花缸、坛瓮、砂锅、药罐、瓶类、盆

---

① 中国硅酸盐学会.中国陶瓷史［M］.北京：文物出版社,2009:439.
② 中国硅酸盐学会.中国陶瓷史［M］.北京：文物出版社,2009:440.

罐等。皇室用具大龙缸也在宜兴窑烧造，这说明了过硬的产品质量。从装饰技法来说，主要采用贴花、刻花、镂雕技法，常见的纹样有莲荷、梅兰竹菊、双龙戏珠等。

三、佛山石湾窑

宋时，佛山石湾窑已经开始烧造陶瓷器，明清时候逐渐繁盛。明人霍韬在正德二年（1507 年）家训中写道："凡石湾窑冶、佛山炭铁、登州木植，可以便民同利者……"①这证明了当时石湾窑的地位。清代的佛山石湾窑成就更为突出。清道光二年（1822 年）《广东通志·舆地略·十五》："郡人有'石湾瓦，甲天下'之谚。"②石湾窑以仿制钧瓷为著名，人们常常把仿钧瓷的品种称之为"广均（钧）"。在创烧过程中，一方面吸收钧瓷烧造技术，一方面又进行了新的创造。此类瓷器有底釉和面釉，使得釉面更加晶莹润泽，有更好的效果，烧成之后的色彩有玫瑰紫、蓝色、墨彩、翠毛釉等上乘釉色。从创新的产品来说，"雨淋墙"，非常有特色。这是一种蓝釉中流淌如雨点状葱白色的效果。清代陈浏（寂园叟）的《匋雅》中对这种釉色效果极度地赞扬。佛山石湾窑的产品种类丰富，既有日用器皿，也有文房用具、陈设用具等。例如，瓦脊是石湾窑优秀的传统产品。陶塑中以"渔、樵、耕、读"为主题的典型产品非常有特色。

四、德化窑

德化窑，在明代的基础上，有了更大的发展。明清二代约遗留窑址 100 多处。清初时，德化窑进入兴盛时期。清代的大部分窑址集中在经济相对较繁荣的城市附近的郊区，例如裒美、良太、三班等地。根据考古调查，德化清代古窑址有 177 处。③例如，清代时三班的岭南窑地区还有二十多座窑正常生产瓷器。后所窑从未停烧，且规模不断扩大。德化窑的白瓷从以明代瓷塑、供品为主转向以日用品为主，1963 年屈斗宫窑址发掘出来的日用品是最好的证明。此时的白瓷色彩从"猪油白"转向"微微泛青"，温润之感略少。德化窑生产的青花瓷以出口外贸瓷为主，在清初发展至盛，装饰纹样丰富，主要有花卉、山石、人物等。

另一方面，从历代的评论中可以看出，德化瓷在当时国内的地位远低于景德镇瓷器。陈懋仁《泉南杂志》、蓝浦《景德镇陶录》、许之衡《饮流斋说瓷》等提到德化瓷

---

① ②　中国硅酸盐学会.中国陶瓷史[M].北京：文物出版社,2009:441.
③　福建民俗博物馆,银川西夏陵文化博物馆,西夏博物馆.瓷国明珠：福建德化瓷展[M].银川：宁夏人民出版社,2019:7.

的时候并未有太高评价。清代周亮工在《闽小纪》中有这样的记载，"闽德化磁茶瓯，式亦精好，类宣之填白"，但后经过泡茶发现茶色不绿，"乃知德化之陋劣，水土制之，不关人力也"①。而实际上，经过现代瓷器检测，德化瓷的瓷土质量极佳，这与古代的评价并不一致。

德化瓷属于典型的墙内开花墙外香的案例，东南亚、欧洲以及日本是其主要的出口市场。牛津大学1924年出版的《远东陶瓷概述》中有讲述法国人把德化瓷介绍到欧洲，使欧洲开始仿制德化瓷器的记载。②乾隆时期，德化郑兼才在《窑工》中写道："骈肩集市门，堆积群峰起。一朝海舶来，顺流价倍蓰。"③这记录了当时德化瓷器外销的盛况。值得一提的是，德化五彩瓷釉上彩瓷，除了出口的外销瓷器，也有对内的精致瓷器。

第二节　清代瓷器装饰艺术

清代，瓷器装饰艺术成就斐然。从造型来说，清代瓷器比明代瓷器要丰富许多，日常生活用瓷、陈设器、赏玩器、文房用具、仿古礼器、祭祀用器、宗教法器等种类繁多。从样式来说，日用器大体沿用历代传统式样，仿古之风盛行。清代官窑瓷器中，盛行仿古瓷器造型，仿商周时代青铜器、仿宋明瓷器造型均较为常见。清代瓷器装饰技法在明代的基础上不断改进和提高，色釉、彩绘、釉色地彩绘等综合装饰成就突出。清代釉料提炼技术的不断提升，促进了瓷器色彩装饰的丰富性。在瓷器彩绘中，青花、釉里红、五彩、粉彩、斗彩等构成了清代瓷器世界的缤纷色彩，极大地显现了瓷器的美观度，让每一件瓷器都极具艺术观赏性。从纹样来说，无论官窑还是民窑，吉祥装饰成为核心主题，与明代相比，吉祥纹样的范畴更为广泛，植物花卉、飞禽走兽、山水风景、人物故事、书法文字等均是吉祥寓意的主题。在外来装饰艺术风格的影响下，部分清代瓷器装饰艺术具有中西结合的风格特点。

一、清顺治

顺治初期，瓷器产量变少，质量下滑。清初叶梦珠《阅世编》中记载："顺治初，江右甫平，兵燹未息，磁器之丑，较甚于旧，而价逾十倍……略光润者，动辄数倍

① 熊廖.中国陶瓷古籍集成:注释本[M].南昌:江西科学技术出版社,2000:88.
② 徐本章,苏光耀,叶文程.略谈德化窑的古外销瓷器[J].考古,1979(02):149-154.
③ 陈建中.泉州的陶瓷贸易与东西方文化互动:以德化窑外销瓷为例[J].海交史研究,2004(01):94-104.

之……"①康熙年间《饶州府志》卷二十一记载了顺治初期"时值兵火之余，居民落落晨星"②。顺治二年（1645年）朝廷废除明代官窑官办、官烧的制度，采用"官搭民烧"③。到了顺治中晚期，瓷器生产恢复到一定的水平，也有一些质量较高的纪年器。康熙年间《饶州府志》记录顺治初期之后景德镇制瓷业日益复苏的景象，"景德镇杂聚四方，商贾民居稠密"④。清代蓝浦《景德镇陶录》记录："国朝建厂造陶始于顺治十一年，奉造龙缸……"⑤清代自顺治十一年（1654年）以明代御器厂为基础，逐渐恢复官窑瓷器的生产，瓷器类别以仿烧明代官窑为主。顺治一朝共17年，瓷器的形制、装饰、纹样等与明末崇祯瓷器类似（图1-1），胎体厚重，釉色肥厚，形制古朴，彩绘浓重（图1-2）。从传世品看，主要烧造青花、五彩、单色釉（白、黄、茄皮紫釉、酱釉）等，既有明代的特征，又对后续康熙瓷器产生了重要影响。

图 1-1　清顺治青花花鸟图盖罐
（北京故宫博物院）

图 1-2　清顺治五彩蟠螭花蝶图瓶
（北京故宫博物院）

二、清康熙

清康熙时期，国力逐渐强盛，瓷器烧造品类全盛，尤以青花独步天下。"康熙十年奉造祭器等项，陶成始分限解京。"⑥到了康熙二十年之后，景德镇御用瓷器的烧造开始步入正轨，承前启后，为雍正、乾隆的瓷业打下了良好的基础。清代陈浏在《匋雅》中有言："世界之瓷，以吾华为最；吾华之瓷，以康、雍为最。"⑦"康熙十年烧造

①　刘晓玉.景德镇陶瓷史·清代卷[M].南昌:江西人民出版社,2016:6.
②④　刘晓玉.景德镇陶瓷史·清代卷[M].南昌:江西人民出版社,2016:7.
③　陈润民.清顺治康熙朝青花瓷[M].北京:紫禁城出版社,2005:16.
⑤⑥　熊廖.中国陶瓷古籍集成:注释本[M].南昌:江西科学技术出版社,2000:361.
⑦　［清］陈浏,赵菁.匋雅[M].北京:金城出版社,2011:39.

祭器等项，据估值销算正项钱粮，并未派征。"①康熙十年，景德镇已有祭器烧造。"十九年九月，奉旨烧造御器，令广储司郎中徐廷弼、主事李延禧、工部虞衡司郎中臧应选、笔贴式车尔德，于二十年二月驻厂督造。"②康熙十九年，景德镇官窑瓷器已有专人负责。臧应选负责的窑叫"臧窑"，康熙四十四年至五十一年郎廷极负责的窑叫"郎窑"。还有未有实物证明的"熊窑"。因前面已有叙述，此处不再赘述。

　　总体来说，康熙时期，瓷器品种繁多，千姿百态，瓷质细腻，釉色莹润，典雅精美。其中最著名的瓷器类型有青花（图1-3）、五彩（图1-4）、素三彩（图1-5）、郎窑红（图1-6）、豇豆红（图1-7）、珐琅彩（图1-8）等，风格别开生面，非常出彩。康熙青花可以代表清代青花的最高工艺水平，色调鲜明青翠，浓淡相间，层次分明。从造型来说，形制古拙，胎体浑厚，若与其他时期同样大小的器物相比，会偏重些。此时瓶的造型多变，如瓶、尊、花觚、花插、渣斗，还有形似棒槌的棒槌瓶，如油锤的油锤瓶，如柳叶的柳叶瓶，规整方块的方瓶。尊这一器形中，凤尾尊、马蹄尊、太白尊、苹果形水盂、观音尊、象腿尊、荸荠尊、橄榄尊、摇铃尊等成为常见器形。还有较为有特色的金钟杯、笠式碗等。从装饰纹样来说，传统装饰纹样依然流行，人物画的种类开始不断丰富，小说戏曲中的人物故事成为绘画的主题。此时耕织图开始流行。花卉植物纹样传袭明代传统，但运用不同的画法，缠枝莲花纹依然成为缠绕类植物中的主要母题。山水画采用斧劈皴南宋画院的画法。

图1-3　清康熙青花莲荷纹大盘（北京故宫博物院）　　图1-4　清康熙青花五彩竹林七贤图尊（北京故宫博物院）　　图1-5　清康熙素三彩花果纹盘（首都博物馆）

①② 吕成龙.万千姿态 尽展风华 清代康熙朝景德镇窑瓷器概述[J].紫禁城,2017(03):18-55.

图1-8　清康熙粉红地珐琅彩开光花卉碗(香港苏富比"嫣绯金炼－奈特典藏珐琅彩盌"专场2018)

图1-6　清康熙郎窑红釉胆式瓶(北京故宫博物院)

图1-7　清康熙豇豆红釉柳叶瓶(美国纽约大都会艺术博物馆)

三、清雍正

清雍正时期，时间虽短，但经济发展，社会安定，经济兴盛，海外贸易市场活跃。瓷器技术传承前朝，且日益精进，形制创新、造型多样，装饰革新，题材广泛、种类丰富。最主要的成就体现在仿古瓷（图1-9）、青花（图1-10）、粉彩（图1-11）、斗彩（图1-12）、珐琅彩（图1-13）等，成就非凡。青花主要仿明代宣德窑，粉彩瓷器登峰造极，釉里红制作精进，珐琅彩瓷融诗、书、画于一体，不断发展。

雍正四年至十三年，年希尧督理景德镇窑务兼管景德镇御窑厂，这个阶段的瓷器产品称为"年窑"。"年窑"涵盖了雍正官窑瓷业发展的大部分时间，成就集中于仿古瓷，遍及宋五大名窑、明代永宣、万历色釉瓷，也新创了新式彩瓷，成就卓越。清代蓝浦在《景德镇陶录》中写道："雍正年年窑：厂器也，督理淮安板闸关年希尧管镇厂窑务，选料奉造极其精雅。"[1]"极其"二字说明对"年窑"瓷器艺术烧造水平的高度评价。"琢器多卵色，圆类莹素如银，皆兼青彩，或描锥暗花玲珑诸巧样，仿古创新，实基于此。"[2]清雍正时期，烧造的色釉瓷以仿官、哥、汝、钧最为有特色，尤其是青釉瓷，技术非常成熟。除此以外，追求古意，仿明代宣德、成化、嘉靖、万历等朝的各类瓷器，尤其重视仿制宣德一朝的器形和纹饰。雍正时期的瓷器造型，具有纤细阴柔之感，其轮廓线条之美可以与明代永乐和成化时期的作品争妍斗丽。从造型数量来说，较多瓷器造型仿宣德瓷器，仿大盘、鸡心碗、抱月瓶、玉壶春瓶、梅瓶、执壶等。在斗彩瓷中，主要仿成化天字罐、马蹄杯、鸡缸杯等。除仿宣德造型外，还追求模仿自然，大自然中的花果形态均是雍正一朝喜爱之物。海棠花式、菊瓣式、葵瓣式、柳条式为模仿植物花卉的造型。莲蓬式、瓜楞式、石榴式、葫芦式

①②　熊廖.中国陶瓷古籍集成:注释本[M].南昌:江西科学技术出版社,2000:384.

为模仿植物果实的造型。特别典型的造型也非常丰富，尊类有鱼篓尊、络子尊等，瓶类有橄榄瓶、象腿瓶等。

从装饰纹样来说，人物场景图的总体数量比前朝减少，特别重视宣扬伦理道德和渔樵耕读的主题。植物装饰纹样沿袭传统，常见的莲花、牡丹、菊花、海棠、桃花、松树等依然受人追捧，但减少了墨菊花、藤萝花等。缠枝莲花纹依然是受到热捧的传统纹样，但牡丹、菊花类缠枝纹大量减少。雍正皇帝提倡表现歌颂升平的图案。盛世太平、高山长水、长治久安（鹌鹑、长树）、玉堂富贵（兰花、牡丹）、芦雁、孔雀等纹样得到雍正帝的重视。山水风景画法与康熙时期有所不同，主要追随元代四王画派画风，采用披麻皴的技法来进行表现。

图 1-9　清雍正仿官釉贯耳六方壶(北京故宫博物院)

图 1-10　清雍正青花缠枝花纹花浇(北京故宫博物院)

图 1-11　清雍正粉彩蟠桃献寿图圆盖盒(2021 年香港国际苏富比拍卖有限公司秋季拍卖会)

图 1-12　清雍正斗彩缠枝莲纹菊瓣尊(北京故宫博物院)

图 1-13　清雍正珐琅彩梅花牡丹纹碗(北京故宫博物院)

四、清乾隆

清乾隆时期，社会稳定，经济繁荣，可谓是太平盛世。瓷器生产空前繁荣，烧造技术登峰造极，仿古瓷、彩瓷、单色釉成就极高。清代梁同书在《古铜器考》中称赞当时的制瓷业是"有陶以来，未有今日之美备"①。乾隆皇帝嗜古成痴，发展了很多特种工艺，仿古、仿其他工艺品、仿外国瓷器的制品非常突出，直接推动了当时御窑厂的发展，也在刺激当时制瓷技术的创新。乾隆时期，统治阶级不计成本追求各种新奇瓷器制品，像生瓷（图1-14）、仿工艺品瓷（图1-15）、转心瓷（图1-16）、转颈瓷（图1-17）等，造型丰富，种类多样，甚至在某一瓷器作品中集成多种技术，这反映了当时制瓷工艺的高超水平。清代许之衡在《饮流斋说瓷》中形容当时瓷器"至乾隆则

图 1-14　清乾隆酱釉描金地塑贴粉彩
灵桃瓶（北京故宫博物院）

图 1-15　清乾隆仿古铜金彩三足炉
（北京故宫博物院）

图 1-16　清乾隆洋彩镂空龙纹
夔凤耳转心瓶（北京故宫博物院）

图 1-17　清乾隆御制胭脂红地番莲花卉套炉钧釉
"太平有象"转心瓶（2021年北京保利国际拍卖有限
公司秋季拍卖会）

①　叶佩兰.从故宫藏品看乾隆时期"唐窑"的新成就[J].故宫博物院院刊,1986(01):35-41.
②　[民国]许之衡,涂重阳《饮流斋说瓷》详注[J].景德镇陶瓷,1995(01):47-59.

华缛极矣，精巧之至几于鬼斧神工"[②]。乾隆二年以后，《活计档》(清宫《养心殿造办处各作成做活计档》)开始出现有关"洋彩"的记录。唐英在其著述《陶人心语》中也说："五彩绘画，模仿西洋，故曰洋彩。"[①]乾隆三十九年朱琰《陶说》中有记载："戗金、镂银、琢石、髹漆、螺钿、竹木、匏蠡诸作，无不以陶为之，仿效而肖。"[②]还列举了各类名匠技工"今皆聚于陶之一工"。

唐窑，指的是唐英管理景德镇御窑厂的这段时期制造的瓷器。唐英于雍正六年就至江西景德镇御窑厂"驻厂协理"，到了乾隆二年至十九年（除十六年），唐英继续督理景德镇御窑厂窑务，其对清代瓷器的贡献均有据可查，当时的景德镇官窑在唐英的督陶政策下，走向了更加繁盛的阶段。

乾隆时期，瓷器造型比前朝更加丰富，特色造型颇多，天球瓶、葫芦瓶、牛头尊等极为普遍，葫芦形的挂屏、插屏、壁瓶、桥瓶等富有特色。文房用具样式新颖，精工细作。瓶子的造型向"连通"瓶发展，双联瓶、三联瓶、四联瓶、五联瓶（图1-18）甚至九联瓶（图1-19）等，这是其他瓷器时代非常少见的。追溯起来，早期的陶器五联罐有此种造型风格。鼻烟壶造型也非常丰富（图1-20）。从仿生造型来说，景德镇的工匠善用瓷土制作桃子、胡桃、莲子、长生果、石榴、螃蟹、海螺等，形象逼真，有些与瓷器盘、碗、瓶搭配，组合烧造，体现了高超的制瓷技艺（图1-21）。

图1-18　清乾隆豆青釉五管瓶（美国弗利尔美术馆）　　图1-19　清乾隆豆青釉九联葫芦瓶(美国克利夫兰博物馆)　　图1-20　清乾隆粉彩开光兽耳鼻烟壶(北京故宫博物院)

① 熊廖,熊微.中国陶瓷古籍集成[M].上海:上海文化出版社,2006:304.
② 中国硅酸盐学会.中国陶瓷史[M].北京:文物出版社,2009:437.

图 1-21　清乾隆粉彩塑雕像生果品蟹盘(北京故宫博物院)

　　镂空套瓶、转颈瓶的工艺更加精致细腻。镂空套瓶有内瓶和外瓶。内瓶可以转动，转动时，可通过外瓶的空隙或者开光看见内瓶所绘之物。内瓶往往绘制四季景物、花卉、婴戏等。转颈瓶的颈部可以转动，通过上下两部分的转动，形成不同的纹样组合。例如天干地支瓶，就可以扭动颈部，查看不同的年份。清宫内务府造办处专门有针对旋转瓶、转颈瓶的记录。

　　玲珑瓷，又称米花瓷，有八面玲珑之意。"米花""玲珑眼"之意，是用针、锥剔胎形成米粒状孔眼，使之两壁洞透，之后填以特制釉料，再通体施透明釉，高温烧制形成镂空、镂花瓷器的一种。这种瓷器，迎光视之，像玻璃上的窗花，通透自然。清许之衡在《饮流斋说瓷》中有言："素瓷甚薄，雕花纹而映出青色者谓之影青，镂花，而两面洞透者谓之'玲珑瓷'……"[1]玲珑瓷，可以先在瓷坯上镂出所需的"玲珑眼"，再用透明釉料把镂空填平，瓷胎表面余隙可绘青花，再施釉后高温烧成。乾隆玲珑瓷（图1-22）以其玲珑剔透、精巧细腻，镂花处明澈透亮，不洞不漏，产生美妙的光影之感，让人推崇备至，赞叹不绝。乾隆之后，其后断绝，至晚清才再次出现，并搭配青花共同装饰。

图 1-22　清乾隆白釉玲珑瓷西番莲纹碗（2013年北京华辰拍卖有限公司秋季拍卖会）

　　乾隆时期，制瓷仿制工艺水平极高，质感非常接近所模仿的实物，有些甚至能够以假乱真。瓷胎仿漆器，常见的有仿剔红瓷和仿漆绘瓷两种，模仿的木纹、竹丝逼真，抑或有各种纹样，十分精致。仿竹器瓷的黄色调十分接近竹子的颜色，甚至可以"刷"出竹丝的纹理。有些还会连带仿烧瓷器下面的底座、罐座，十分相像。仿铜器的釉色非常接近古铜器的色泽、锈斑，甚至还能仿制出战国时期的错金银的工艺品。仿珊瑚红制品主要采用红釉，仿翡翠采用翠绿釉色，仿玉石采用白釉，做工都非常细腻精致。

① ［清］陈浏,赵菁.匋雅［M］.北京:金城出版社,2011:98.

中国瓷器缠枝纹装饰

乾隆瓷胎上的山水画装饰相比前朝有所减少，但是西湖十景及私家园林之类的风景名胜写实题材，开始用来装饰瓷器。乾隆皇帝特别提倡松竹梅三友图和群仙捧寿图。常见的花卉，如牡丹、菊花、牵牛花（图1-23）、夕颜等是装饰繁缛粉彩瓷器的常用纹样，尤其流行万花堆（图1-24）和锦上添花。还有一种特殊的凤尾花非常流行，一直到嘉庆时仍然出现。

五、清嘉庆

图1-23 清乾隆青花缠枝牵牛花纹碗（2021年北京诚轩拍卖有限公司春季拍卖会）

图1-24 乾隆款粉彩绿里百花纹五供之蜡扦（北京故宫博物院）

嘉庆时期，清朝综合国力明显下降，经济衰退。嘉庆帝"咸与维新"，整治内政，但未能从根本上改变逐渐衰落的局面。嘉庆前期，沿袭乾隆旧制，部分产品能够基本保持前朝水平，因此有"嘉乾窑"之称。嘉庆后期，景德镇御窑厂已无朝廷专派的督陶官，窑务由地方官员兼管。制瓷工艺逐渐粗糙，与道光风格接近，因此又往往把这两个阶段的陶瓷器称之为"嘉道窑"。清陈浏《匋雅》记载："嘉道而降，画工、彩料，直愈趋愈下。"[1]景德镇御窑厂的瓷器烧造规模不断缩小，瓷器的品种、数量大量缩减，已经无法烧制高成本瓷器，也无力创新。根据内务府广储司卷烧造瓷器条所记，自嘉庆四年（1799年），每年的烧造官窑瓷器的款项，从白银一万两降至七千余两，不久之后又降至五千两。嘉庆十一年（1806年）十一月，"自明年为始，……着减半烧造。……嘉庆十五年十二月奉旨……著暂行停止烧造，改烧瓷砖等项，酌核工价不得过二千五百两之数……"[2]到嘉庆十五年（1810年）十二月，下令终止了御窑厂的

① 陈润民.清嘉庆道光青花瓷器[J].收藏家,2001(08):46-52.
② 熊廖.中国陶瓷古籍集成:注释本[M].南昌:江西科学技术出版社,2000:171.

宫廷用瓷烧造工作。

　　嘉庆瓷器主要有青花（图1-25）、粉彩（图1-26）、单色釉（图1-27）等，唯一重要的新器形是帽筒，代替了以前的帽架。嘉庆时期的陈设瓷逐渐减少，部分青花釉面闪青、细腻莹润，也有釉质较厚，状青如玉，部分发色暗淡飘浮。青花的装饰题材受乾隆影响，与乾隆区别不大，构图上由繁缛转向疏朗呆板，笔法纤细拘谨。民窑青花瓷，缠枝莲花纹依然流行，但纹样变得纤细。彩瓷以粉彩为主（图1-28），开光较为多见，流行"百花不露地"的"万花锦"，或是金地万花锦（图1-29）。酱色釉碗颇为流行。鼻烟壶更为广泛流传。

图 1-25　嘉庆款青花缠枝花纹碗（北京故宫博物院）

图 1-26　清嘉庆绿地粉彩缠枝莲蝠蝶纹扁瓶（北京故宫博物院）

图 1-27　清嘉庆孔雀蓝釉暗刻纹赏瓶（美国纽约大都会艺术博物馆）

图 1-28　清嘉庆景德镇窑粉彩花卉纹瓶（上海博物馆）

图 1-29　清嘉庆金地粉彩百花纹碗（北京故宫博物院）

六、清道光

　　道光时期，国力衰微。道光皇帝励精图治，振衰除弊，整顿吏治，扼制奢靡之风，但已经难以扭转衰落之局面。鸦片战争后，清政府割地赔款，内忧外患，国库空虚，对瓷器烧造力求简朴，限制烧造，仍入不敷出，产量低下。以鸦片战争为界线，道光时的瓷器烧造可分为前后两期。前期瓷器烧造相对较平稳，后期质量低、产量小。外加国外陶瓷红利市场已经消失，难以出现精品。当然，道光瓷器的创新不足，但是同嘉庆和之后几朝相比，还算颇有特色，尤其是"慎德堂"款瓷器质量较高（图1-30）。

道光时期官窑主要生产粉彩瓷、青花瓷。瓷器烧造中，有不少模仿康乾时期的风格，即使是仿明作品，依然带有康乾风格，例如模仿康熙时期瓷器上的山水画的质量较高。另有部分"洋彩"仿外来"洋花"绘制技法装饰（图1-31），质量上乘。从装饰风格来说，道光官窑尽力维持着工整细致的画面，已失去了往日乾隆一朝力推的宫廷繁缛风格，构图趋于平淡疏朗，用笔拘谨无力，不再有层层叠叠的堆砌之风。从装饰技法来说，花卉、龙凤、缠枝花卉纹等逐渐失去了往日的灵动，图案化趋势严重（图1-32、图1-33、图1-34），尤其是缠枝莲花纹装饰，变化不多，缺乏艺术表现力。民窑中戏曲人物刀马旦描绘精致，斗鸡、斗狗等通俗画面开始盛行。

图 1-30 清道光慎德堂款粉彩山水人物图瓶（北京故宫博物院）

图1-31 清道光黄地洋彩缠枝花卉纹碗（北京故宫博物院）

图1-32 清道光白地矾红彩"寿"字缠枝莲纹渣斗（北京故宫博物院）

图 1-33 清道光斗彩寿字盘（上海博物馆）

图1-34 清道光青花缠枝花纹开光"万寿无疆"碗（北京故宫博物院）

七、清咸丰

咸丰时期，政治腐败，经济衰退，英法联军入侵，太平天国运动兴起。咸丰继位时，为减少瓷器烧造量，于道光二十九年（1849年）下旨："制造圆琢瓷器名目件数，得旨，勾除者十六项，自本年永停烧造。"①咸丰五年（1855 年），景德镇御窑厂基本不再烧制瓷器。因此，咸丰官窑瓷器基本是在官古器户中派烧而成的。据清宫内务府档案记载，咸丰时期宫中用瓷主要是咸丰三年（1853 年）、咸丰四年（1854 年）烧造的，品种有青花、祭红、仿官、仿哥、天青釉等，各种类数量不等，总数仅两千一百余件。景德镇之后的瓷器产品和同治、光绪的瓷器风格较为接近，主要瓷器品种有青花（图 1-35）、釉里红、粉彩（图 1-36）、色地粉彩、斗彩、三彩、单色釉（图 1-37）等或者描金品种。

咸丰时期，官窑瓷器形制基本没有创新，延续前朝造型。官窑器中主要装饰题材有缠枝莲纹、鸳鸯莲花、竹石芭蕉、松竹梅、龙凤、云鹤、侍女、博古等，其中吉祥组合纹饰有太平有象、五谷丰登、蝴蝶探花等。民窑的器形相对较多，各种式样的瓶、罐、尊、盘、碗、杯、碟、盒以及花盆、香炉、花口、茶壶等。民窑装饰纹样平庸匮乏，布局松散，难见珍品。

图 1-35　清咸丰青花竹石芭蕉纹玉壶春瓶（北京故宫博物院）

图 1-36　清咸丰粉彩夔凤串花纹碗（北京故宫博物院）

图 1-37　清咸丰仿哥釉鹿耳尊（上海博物馆）

八、清同治

同治时期，国家战乱，经济愈发萧条。同治朝、光绪朝及至宣统朝，整整五十年几乎均是慈禧太后掌控朝政，内部权力斗争趋于平稳，外部斗争被经济索取取代。此时已无力烧造高价瓷器，绝大部分宫廷用瓷为生活用瓷。同治三年（1864 年）十二月御窑厂逐渐恢复开始烧造瓷器，此后并未中断。督陶官有蔡锦青、俊达、景福等。"同治四年始经前署监督蔡锦青开厂烧造，老匠良工散亡殆尽，配制颜料多半失传，新匠不惟技艺远逊前人，既人数亦较前减少。"②整体上景德镇瓷器产业萎靡不振，工艺水

① 汪庆正.中国陶瓷全集 15·清（下）[M].上海：上海人民美术出版社,1999:16.
② 熊寥,熊微.中国陶瓷古籍集成[M].上海：上海文化出版社,2006:130.

平低下，产品粗糙。同治七年，景德镇为同治皇帝大婚烧造了七千九百件瓷器用品，其中绝大部分是黄釉粉彩器（图1-38）。这一批大婚用瓷款识署"燕喜同和"楷书款，字体方正，结构严谨。①另有专门为慈禧太后烧制的"体和殿"款餐具和陈设瓷相对较为精致。同治九年，御窑厂为"体和殿"烧制了百余只大鱼缸和其他瓷器，如灯笼尊、花盆（图1-39）、捧盒等约达万件。

从瓷器品种上来说，青花、粉彩依然是主流。青花瓷器，有的色泽比较清新明快，有的粗劣黑褐，色料飘浮。粉彩的色彩比较鲜艳，多用彩色作地色，但粉质较多而显得比较浓厚。黄釉釉色浓深，若为地色鲜亮凝厚，称"明黄"。其中，黄地墨彩瓷器画工精致，墨色层次丰富，纹样精细（图1-40）。翡翠釉是同治时新出现的釉色，绿釉与白釉混杂，看似翡翠色。五彩仅烧造传统的龙凤碗。民窑中仿康熙五彩的瓷器色彩浓艳，釉色凝厚，缺乏光泽。装饰纹样图案化，缺乏生机，除传统龙凤、云鹤、八宝等吉祥图案外，多为吉祥喜庆之纹样，如万寿无疆、五福捧寿、麒麟送子等。

图 1-38 清同治黄地
粉彩蝴蝶纹"喜"字渣斗
（北京故宫博物院）

图 1-39 清同治体和殿款
青花折枝花卉纹花盆（北京
故宫博物院）

图 1-40 清同治黄地墨彩花卉
纹盖盒（北京故宫博物院）

九、清光绪

辛酉政变之后，太平天国被镇压，社会局面相对稳定。以慈禧为首的政治集团，出卖国家主权，大肆搜刮民脂民膏。光绪元年，景德镇御窑厂陆续为清宫廷和东、西二陵烧造了青花、粉彩、色釉大器和祭器等。《清档》记载，光绪元年（1875年）、二年（1876年）烧造了署款"长春宫制""储秀宫制""坤宁宫制"等的各色瓷器。光绪十年（1884年）、二十年（1894年）、三十年（1904年），为慈禧寿辰、赏赐、祭器等瓷器烧造的白银达到了二十多万两之巨②，可以说，在如此民不聊生的情况，清政府

---

① 许绍银,许可.中国陶瓷辞典[M].北京:中国文史出版社,2013:22.
② 耿宝昌.明清瓷器鉴定[M].紫禁城出版社,1993:318.

不仅腐败无能，还大肆浪费。从另一方面来看，光绪瓷器在晚期时期居于首位，与御窑厂的这几次定烧是分不开的。

现存光绪朝的官窑瓷器大部分为日常生活用瓷。在小部分陈设瓷中，个别瓷器可以达到乾隆官窑粉彩瓷器的水平。官窑瓷器除青花、粉彩（图 1-41）、金彩等外，创烧的新瓷器品种有水墨五彩（图 1-42）和软彩（图 1-43），造型规整、釉色温润、颇具韵味。软彩，本就是粉彩的意思，但光绪粉彩用含粉质较少的软彩，施彩较薄，色彩浅淡。仿古瓷器中有不错的产品，如仿宋五大官窑瓷器，不少作品技法高超，几可乱真。官窑还烧造了一批"吉祥如意"款的西洋式餐具。

此时的纹饰图案，比以往各朝都采用更多的吉祥图案，因此显得装饰上俗媚且匠气十足，远离清雅高贵的效果。值得一提的是，光绪时期的龙纹威严神圣之感减少，具有了生活化气息，似乎从深宫走入了百姓之家，显得可亲可爱（图 1-44）。另外，瓷器中还不断出现洋花、洋景、洋人，这是中西文化交流的见证（图 1-45）。

图 1-41　清光绪大雅斋款绿地粉彩花鸟图高足碗（北京故宫博物院）

图 1-42　清光绪永庆长春款蓝地墨彩花鸟纹方胜式花盆（北京故宫博物院）

图 1-43　清光绪粉彩莲花吸杯（上海博物馆）

图 1-44　清光绪储秀宫制款蓝地黄彩云龙纹大盘（北京故宫博物院）

图 1-45　清光绪黄地粉彩五福花卉纹碗（北京故宫博物院）

十、清宣统

宣统时期，不足三年，为清代最后一朝。官窑瓷器沿袭光绪时期，有少量精美瓷器传世。宣统二年（1910 年），江西瓷业公司成立，取代了晚清御窑厂，宣统官窑多出于当时的江西瓷业公司。1911 年，宣统帝退位，民国建立，大清官窑便随着清王朝的灭亡而消失在滚滚尘世中。

　　宣统官窑"资质优良，胎薄体轻，器型规严，绘工细腻"①，除青花、五彩、粉彩等传统品种外，还烧造了色釉瓷、仿古窑瓷、窑变瓷及白釉瓷等。色釉瓷主要是黄釉、蓝釉、绿釉、珊瑚红釉等，色彩较为丰富。官窑瓷器形制规整，种类与光绪时期的相类。玉壶春瓶、赏瓶、贯耳瓶、盖罐等均有一些烧造，但生产数量少，较为珍贵。宣统官窑青花发色鲜亮（图1-46），超过光绪时期。少量的珐琅彩瓷烧造，质量虽达不到雍、乾水平，但也较珍贵。珊瑚红釉瓷较多见，其色泽较浅，红中泛黄色。粉彩瓷大体上也与光绪时期的相似，但制作更精美。官窑瓷器的装饰纹饰与光绪时期的相近，吉祥纹样为主导，龙凤纹（图1-47）、云蝠纹（图1-48）、宝相花、四季花卉、花鸟组合纹样颇为丰富，但绘画较精致细腻。宣统官窑的款识为"大清宣统年制"，也有部分宣统官窑瓷器署款"江西瓷业公司"，实际为宣统官窑出品。宣统民窑瓷器以生活用具为主，也有用于婚嫁的陈设瓷器，主要品种有青花、粉彩、广彩、浅绛色等，部分款识仍署光绪时期。②

图1-46　清宣统青花缠枝莲纹大盖罐(北京故宫博物院)　　图1-47　清宣统粉彩凤穿花纹碗（北京故宫博物院）　　图1-48　清宣统粉彩云蝠纹撇口瓶(北京故宫博物院)

第三节　清代的典型瓷器装饰类型

　　在清代，官窑瓷的生产制度严格，瓷器的造型、色彩、纹样等有一定的规范，生产时必须按照用途和官样进行烧制，不能随意而为。因形制有较为严格的规定，胎饰也尤为重要，可采用镂、刻、剔、划、塑等技术手段进行刻花、剔花、填彩、镂空、

①　耿宝昌:明清瓷器鉴定[M].紫禁城出版社,1993:326.
②　许绍银,许可.中国陶瓷辞典[M].北京:中国文史出版社,2013:43.

贴塑、堆塑等。从色釉瓷器来说，清代官窑郎窑红、豇豆红、天蓝釉、炉钧釉、胭脂水釉等装饰成就极高。仿烧古釉瓷霁青釉、冬青釉、厂官釉（秘釉）、仿官釉、仿哥釉、仿龙泉釉、仿定釉、仿钧釉等，成就斐然。彩绘装饰是清代官窑瓷器装饰最重要的方式，可分为釉下彩绘和釉上彩绘或两者皆有，实乃精彩绝伦。从装饰纹样来说，相对灵活一些，虽有官样限制，但亦可随帝王的喜好、督陶官的研发，甚至工匠的突发奇想，来变化胎体装饰，使之变得更"美"。清代官窑瓷器的造型、色彩、纹样等需要达到唐英提到的"全美"官窑器的标准。

一、青花瓷

元明以来，青花瓷器无论是从质量上还是数量上来说，始终都占据着彩瓷的主流地位。到了清代，青花瓷器依然是景德镇瓷器中产量最大的。唐英在《陶冶图说》中说："青花圆器，一号动累百千。"[1]许之衡亦在其著撰的《饮流斋说瓷》中说道："硬彩、青花均以康熙为极轨，粉彩以雍正为绝美。"[2]清代的青花瓷，以康熙民窑青花为典型代表。清陈浏《匋雅》有言，"雍、乾两朝之青花，盖远不逮康窑"，认为虽不及明，但"亦可独步本朝矣"[3]，正是这一情况的反映。康熙青花呈色为宝蓝色，蓝色透底，澄澈发亮，鲜艳异常。康熙青花装饰题材多样，层次分明，这是工匠们熟练运用多种浓淡不同的青料，刻意进行不同层次深浅浓淡的色调描绘造成的，因画面表现力强，层次丰富而被誉为"青花五彩"，这是对其夸奖之词。康熙青花另有各种色地装饰，如青花矾红、青花黄彩、洒蓝地青花、豆青地青花等，组合多样，呈色丰富。康熙官窑青花瓷装饰纹样有龙、凤、松、竹、梅以及各式花卉。此时的外贸瓷器数量较大，造型、装饰方面需要融合外来风格，例如，清康熙青花如意花卉纹熏炉（图1-49）的造型与我国传统熏炉不同，腹部装饰多层如意花卉纹，这均与外销产品的要求有关，体现了当时外销瓷器的时代特征。又如，清康熙青花果树纹双管瓶（图1-50）的造型非常独特，非传统造型，两口向不同方向弯曲，表面连在一起的腹部，内里却隔断不通，用来盛放两种不同的液体，猜测是模仿16世纪意大利的油醋罐的造型，可能是为供荷兰市场特别烧制的。民窑造型中的凤尾尊、棒槌瓶、观音尊等均可以视为民窑杰出代表。民窑装饰纹样有多子图、孝经图、八仙图等，以及各类小说戏曲故事题材和反映人文风尚的装饰图画。

① 熊廖.中国陶瓷古籍集成:注释本[M].南昌:江西科学技术出版社,2000:259.
② [民国]许之衡,杜斌.饮流斋说瓷[M].济南:山东画报出版社,2010:69.
③ [清]陈浏,赵菁.匋雅[M].北京:金城出版社,2011:98.

图 1-49　清康熙青花如意花卉纹熏炉
（上海博物馆）

图 1-50　清康熙青花果树纹双管瓶
（上海博物馆）

　　雍正、乾隆时期的青花不如康熙时期鲜艳，但也有一些较突出的代表作，例如现收藏于景德镇中国陶瓷博物馆的清雍正青花折枝花果纹天球瓶（图 1-51）、清乾隆青花蝙蝠葫芦纹葫芦瓶（图 1-52）。雍正仿明成化和嘉靖的作品质量非常高，颇有特色。雍正官窑中的青花黄彩和青花金银彩最为名贵。乾隆时期，青花瓷是主流瓷器品种之一。早期的乾隆青花较多继承雍正青花的一些传统和特色，到了中后期逐渐形成乾隆青花自身的特色，如青花色泽更加偏深沉，多为蓝黑色且微微有闪紫的色彩感。

图 1-51　清雍正青花折枝花果纹天球
瓶（景德镇中国陶瓷博物馆）

图 1-52　清乾隆青花蝙蝠葫芦纹葫芦
瓶（景德镇中国陶瓷博物馆）

二、釉里红

　　元末时期，景德镇就已经开始烧造釉里红。明宣德时期，釉里红技术有了一定的发展，到明后期逐渐衰退。康熙时期，釉里红在明代釉里红的基础上提高了烧造水平，基本掌握了发色的技术，铜红的呈色较为稳定，呈现淡红色。康熙"中和堂"款的青花釉里红可以代表当时的水平。现收藏于上海博物馆的清康熙"中和堂"青花釉里红山水图盘以青花绘亭台、树干，以釉里红绘花朵，色调淡雅，意境深远（图1-53）。"釉下三彩"青花、釉里红、豆青釉相结合，推进了康熙时期的釉下彩绘制瓷工艺。

图1-53 清康熙"中和堂"青花釉里红山水图盘（上海博物馆）

雍正时期的釉里红色调更加鲜艳，这意味着当时已经掌握了较为稳定的烧造技术。唐英《陶成纪事碑记》中有记录："釉里红器皿，有通用红釉绘画者，有青叶红花者。"[1]在2019年，福建静轩拍卖"瓷韫匠心——宫用瓷器专场"中有一藏品，清雍正釉里红缠枝花卉纹赏瓶（图1-54），造型规整、端庄典雅、通体装饰釉里红纹样，发色稳定雅致，腹部满绘缠枝牡丹纹，画工细致流畅，釉面莹润肥厚，是景德镇官窑的佳作。中国嘉德（香港）2021年春拍中的藏品，清雍正青花釉里红缠枝莲纹如意耳瓶（图1-55），整器清雅秀丽，青花淡雅，釉里红妍丽，二色辉映，搭配巧妙，两肩加饰如意形双耳，充分展露雍正官窑注意细节的表现，为雍正瓷艺登峰造极之作。

图1-54 清雍正釉里红缠枝花卉纹赏瓶（2019年福建静轩拍卖有限公司迎春拍卖会）

图1-55 清雍正青花釉里红缠枝莲纹如意耳瓶（2021年中国嘉德（香港）国际拍卖有限公司春季拍卖会）

乾隆时期，釉里红瓷烧造技艺已经非常成熟，对景德镇匠人来说已经得心应手。釉里红的色调基本上和雍正时期保持一致，但也有个别器物的色调十分浅淡。此时的

① 熊廖.中国陶瓷古籍集成:注释本[M].南昌:江西科学技术出版社,2000:133.

釉里红瓷一般是以白釉为地，也有一些器物是以冬青釉为地。造型按照官窑器物形制规范之所，大小件器物均有，而且仿古器物和创新器物也十分多见，例如上海博物馆的清乾隆青花釉里红缠枝花卉纹尊（图1-56），造型典雅，纹饰细腻、工整、清晰，模仿青铜器纹饰，色彩有深浅不一的多层次色阶。2021年，北京保利春拍藏品清乾隆青花釉里红缠枝花卉梅瓶（图1-57）是乾隆官窑早期仿永宣中的绝佳上乘之作。该梅瓶的满饰青花釉里红，缠枝莲花纹的花冠硕大饱满，莲瓣层层打开，枝叶缠绕柔软，青花苍翠，釉里红艳而不炫，相互衬托，恰到好处。

图1-56 清乾隆青花釉里红缠枝花卉纹尊（上海博物馆）

图1-57 清乾隆青花釉里红缠枝花卉梅瓶（2021年北京保利国际拍卖有限公司春季拍卖会）

三、釉上彩

清代，随着釉料技术的不断发展和成熟，釉上五彩、珐琅彩、粉彩、斗彩、素三彩等新品迭出，惊叹世人。釉上彩是将各种彩色原料在烧成的瓷器釉面上描绘装饰各种纹样之后，再用相对较低的温度进行第二次烧制，用以固定色料。

（一）五彩

康熙时期，五彩瓷器比明代又精进许多，釉料技术的不断成熟，改变了明代由釉上彩、釉下彩相结合的青花五彩占主流的局面。康熙五彩，色彩鲜亮，瓷器表面光泽透亮，因与雍正时期具有"柔软感"表现力的粉彩相比，显得简练有力，以此得名"硬彩""古彩"。釉上五彩，先高温烧成白瓷，然后彩绘纹样，再低温烧制而成。康熙五彩色彩比明代丰富许多，红、黄、蓝、绿、紫、黑、金等均有使用，且通过这些色彩可以调配出更多不同浓淡、不同色调的色彩，满足画面的需求（图1-58）。从技术上来说，釉上蓝彩、黑彩、金彩的使用是新的突破。蓝彩色调较深，浓艳超过青花。黑彩带有黑色的光泽，衬托五彩更加鲜艳。金彩能够带来富丽娇艳的效果。康熙五彩除白地彩绘外，各种色地例如黄、绿、黑、米色等也有许多，还有特别珍贵的"康熙御制"款的珊瑚红地五彩器。色彩平涂为主，大部分瓷器色彩对比强烈，线条较硬。

康熙五彩的官窑瓷器一般为盘、碗小件器物，图案较为刻板，主要有龙凤纹、云龙纹、云鹤纹、花蝶纹（图1-59）等。相反民窑的五彩瓷器色彩鲜艳，图案活泼，造型较大，例如凤尾尊、棒槌瓶（图1-60）。《匋雅》有言："康熙彩画手精妙，官窑任务以耕织图为最佳……或反不如客货之奇诡者，盖客货所画多系怪兽老树，用笔敢于恣肆，西人多喜购之。"①常见的康熙民窑瓷器装饰图案未受到约束，题材广泛，主要有花卉、梅鹊、仕女、戏曲小说人物故事画等，其中"刀马人"最为名贵。雍正之后，除个别精致作品，釉上彩瓷已经向粉彩方向发展了。

图1-58　清康熙五彩百鸟朝凤图盘（上海博物馆）　图1-59　清康熙五彩花蝶纹盘(上海博物馆)　图1-60　清康熙五彩耕织图棒槌瓶(北京故宫博物院)

（二）珐琅彩

珐琅彩瓷器是清代极为名贵的宫廷御用瓷器，为皇室独享，传世品较少，可视为珍宝。清代初期，珐琅技术从欧洲传入我国清宫就受到了宫廷的极大喜爱。从国外进口的各式珐琅清等，为珐琅彩瓷器的流行起了一个开端，清宫开始流行在铜、玻璃、瓷料等不同胎体上用进口珐琅材料进行描绘，因而故宫有了"铜胎画珐琅""瓷胎画珐琅"等。珐琅彩瓷器就是"瓷胎画珐琅"。瓷胎画珐琅，是指使用珐琅材料在瓷胎上彩绘装饰纹样的瓷器②，这是清宫旧藏档案和器物原始标签上的称谓③。因早期珐琅彩"颜料亦用西来之品"，又可称"洋彩""料彩"。清代唐英在《陶成纪事碑记》

① ［清］陈浏，赵菁.匋雅[M].北京：金城出版社,2011：16.
② 余佩瑾.金旭成映：清雍正珐琅彩瓷[M].台北：台北故宫博物院,2013：17.
③ 王健华.清宫珐琅彩瓷[J].收藏家,2000(09)：54-59.

中认为："洋彩器皿，新仿西洋珐琅画法，人物、山水、花卉、翎毛，无不精细入神。"①康熙三十二年（1693 年），清政府在北京宫廷设立珐琅作，康熙五十八年（1719年）瓷胎珐琅烧造成功，此后迅速发展。清宫珐琅彩瓷主要有盘、壶、盒、碗、瓶、杯等小件瓷器，主要功能为赏玩、祭祀、宗教等。从胎体上来说，有素烧的瓷胎和宜兴紫砂胎。康熙时期的珐琅彩瓷以黄、蓝（图 1-61）、红、豆绿、绛紫等色为地，主要彩绘植物花卉纹样，画面瑰丽，还有"万""寿""长""春"等字。值得一提的是，康熙珐琅彩上出现的胭脂红（图 1-62）为进口材料，色泽浓郁，特别符合中国人心目中的红色。

图 1-61　清康熙珐琅彩缠枝月季纹碗
（上海博物馆）

图 1-62　清康熙胭脂红地珐琅彩花卉纹碗
（北京故宫博物院）

　　雍正时期，珐琅彩瓷器的技术不断精进，达到登峰造极的程度，总体来说，风格以清秀为主。根据史料《广东通志》（卷五八）中描述，雍正四年（1726 年）五月从西洋进口各色珐琅彩料十四块②，这说明了当时的珐琅料依靠进口。而到了雍正六年（1728 年），根据故宫所藏清宫内务府造办处的档案，在雍正帝的要求下已成功提炼出珐琅材料，色彩种类比进口料更加丰富，品种多达十几种，这说明自雍正六年（1728 年）自炼珐琅彩料，已经从单纯国外进口珐琅料发展为"自行烧练"珐琅料③，这在瓷器史上是划阶段的新成就。雍正皇帝亲自过问珐琅瓷器烧造，清宫内务府造办处档案中有此类记录。雍正时期的珐琅彩瓷有色地彩绘（图 1-63），还有白瓷彩绘（图 1-64），有些碗盘外壁采用黄、绿色地，内里白地彩绘。白瓷胎体是从景德镇送来或是宫中旧存，彩绘和烧造在清宫内务府的造办处直接完成。雍正的珐琅彩瓷装饰比前朝更加丰富，洁白的瓷胎上用珐琅彩料绘制各种花鸟、竹石、山水等，配以书法，形成了瓷上诗书画一体的艺术珍品。

①　熊廖.中国陶瓷古籍集成:注释本[M].南昌:江西科学技术出版社,2000:133.
②　吕成龙.登峰造极的彩瓷——清代康熙、雍正、乾隆时期的珐琅彩瓷器(中)[J].收藏界,2013(02):36-41.
③　朱家溍.清代画珐琅器制造考《工艺美术史料汇编》之一[J].故宫博物院院刊,1982(03):67-76.

图1-63　清雍正珐琅彩黄地兰石纹碗
（北京故宫博物院）

图1-64　清雍正珐琅彩雉鸡牡丹纹碗
（北京故宫博物院）

　　乾隆时期，珐琅彩达到全盛，造型丰富，纹饰精美，画工细腻，技术精湛，成就辉煌。此时，宫廷造办处珐琅作的编制工作增加，工匠人数增加，珐琅产量比康熙、雍正两朝成倍增长。根据《活计档》记载，乾隆三年时，清宫收藏的康、雍、乾三朝珐琅彩器有400余件，经乾隆皇帝品评选定后，配匣入藏乾清宫端凝殿。[1]从我国各大博物馆收藏的实物看，乾隆珐琅彩瓷不仅在数量上超越康、雍两朝，而且形制极为丰富，立体造型的品种增多。[2]

　　乾隆时期的珐琅彩瓷器，大体延续了前朝的烧造技术，并且有进一步的发展，数量和质量均超过前朝。许之衡在《饮流斋说瓷》中评价乾隆官器"精巧之至，几于鬼斧神工"[3]。用这句话形容乾隆珐琅彩瓷的确是名副其实，未有一点夸张的成分。这一时期的珐琅彩瓷器更加精工细作，彩料研磨得更加细腻，纹样装饰技法更加成熟细致，烧成后带有玻璃质感，色泽鲜明浓艳，惊艳世人。乾隆时期，珐琅彩瓷器较为流行各种"彩地"织锦纹、轧道纹和卷草纹等，称为"锦灰堆"，是在彩地上用各种色彩绘制各式各样细密纹理，然后在其上描绘珐琅彩纹饰（图1-65、图1-66）。从造型上来说，各式瓶、壶、碗、碟、酒器、盒等较为丰富。从装饰题材来说，主要有山石花鸟、山水人物、仙山楼阁等。由于中欧瓷器贸易不断发展，文化艺术交流得到加强，此时受西洋绘画艺术影响较多，装饰中仿西洋风格增多，西洋画法的人物题材也增多（图1-67），展现出"西学东渐"之风。部分作品与雍正风格一样，融诗书画印为一体（图1-68a、图1-68b）。乾隆后期，由于经济状况不佳，御窑厂烧瓷质量下降，宫中逐渐不再制作珐琅彩瓷。

　　乾隆珐琅彩瓷是集各种风格之大成者，既传承康熙、雍正时的传统，又有独特的创新。乾隆珐琅彩瓷缠枝纹繁复细密，错彩镂金，绚丽多姿，且受到西洋装饰风格的影响，表现出了母题的吉祥化、构图的程式化、花叶的繁丰化、色彩的绚丽化等装饰

①　高晓然.珐琅彩烧造过程中的几件物证——从景德镇到皇宫[J].故宫博物院院刊,2010(02):102-112.
②　王健华.清代宫廷珐琅彩综述[J].故宫博物院院刊,1993(03):52-62.
③　[民国]许之衡,杜斌.饮流斋说瓷[M].济南:山东画报出版社,2010:69.

艺术特色，无可辩驳地成了珐琅瓷器装饰艺术的最高峰。到乾隆晚期，珐琅彩逐步衰落消失。

图 1-65　清乾隆瓷胎画珐琅锦上添花绿地酒盅（台北故宫博物院）

图 1-66　清乾隆瓷胎画珐琅锦上添花白地酒盅（台北故宫博物院）

图 1-67　乾隆款珐琅彩黄地开光山水人物图绶带耳葫芦瓶（北京故宫博物院）

图 1-68a　清乾隆瓷胎画珐琅绿竹红梅绿地六寸碟（台北故宫博物院）

图 1-68b　清乾隆瓷胎画珐琅绿竹红梅绿地六寸碟（台北故宫博物院）

（三）粉彩

　　粉彩瓷器是在珐琅彩和康熙五彩基础上烧造的新品种，萌芽于清康熙晚期，成熟于雍正时期，到了乾隆年间发展极盛。但关于"粉彩"这个直接词汇，在清宫资料中并无发现，即清代宫廷中没有"粉彩"这种说法。清代陶瓷史籍《南窑笔记》《陶说》《景德镇陶录》，还有清宫内务府造办处档案中均把粉彩称为"洋色""洋彩"。"粉彩"一词，出现于光绪三十二年（1906 年）陈浏（寂园叟）的《匋雅》一书中，"软彩者，粉彩也。彩之有粉者，红为淡红，绿为淡绿，故曰软也。惟蓝、黄亦然"[1]。许之衡《饮流斋说瓷》中有言："康熙硬彩、雍正软彩。'硬彩'者，谓彩色甚浓，釉傅其上，

---

① ［清］陈浏，赵菁.匋雅［M］.北京：金城出版社，2011：6.

微微凸起也。'软彩'又名'粉彩'，谓彩色稍深，有粉匀之也。硬彩华贵而深凝，粉彩艳丽而清逸……"①康熙时期，粉彩瓷器装饰艺术吸收中国古代绘画艺术技法，为后续时代粉彩事业发展奠定了基础，这是重大贡献。

粉彩与珐琅彩相似，运用油料调色施彩，施彩处微微凸起，层次分明，立体效果明显。粉彩与五彩相比，烧成温度相对较低，色彩更加丰富，更加柔和，更加细腻，烧成之后的色彩大部分显得淡雅、粉润，因此有"软彩"之称。康熙初创时，粉彩比较粗糙，例如北京故宫博物院收藏的清康熙粉彩花卉纹盘（图1-69），仅在红色的花朵中运用珐琅彩中的胭脂红，其他色彩仍然采用五彩制作技法，未达粉嫩柔润之效果。

图1-69 清康熙粉彩花卉纹盘
（北京故宫博物院）

雍正粉彩，技术登峰造极，是中国陶瓷史上一颗璀璨的明珠。"粉彩以雍正朝最美，前无古人，后无来者，鲜妍耀眼。"②这是《匋雅》对雍正时期粉彩瓷器的赞誉。雍正粉彩得到了全面的发展，色彩丰富，层次分明，浓淡相宜，柔丽淡雅。一般来说，雍正粉彩烧造流程一般为：先在高温烧成的白瓷上描绘纹样轮廓，然后在轮廓内填抹"玻璃白"，其上再根据纹样绘制各种深浅浓淡色料，有时候需要洗干，让所绘之物具有明暗之效果。有些粉彩，会采用传统中国画中的"没骨"画法渲染，在洁白胎体上，描绘各色纹样，四季花卉、花鸟组合、人物故事、山水画等，画面效果阴阳、浓淡立体感强烈。雍正粉彩的胎体一般为洁白的瓷胎，可以突出多样化的色彩，例如北京故宫博物院的清雍正粉彩八桃图天球瓶（图1-70）。分析天球瓶上的色彩，我们就可以看到，雍正粉彩比五彩的色彩要更加细腻，更加丰富。雍正官窑产品特别重视花卉主题，花朵绮丽，花色多样，其中胭脂红的秋海棠最有特色。雍正粉彩有白地绘彩，有各种色地彩绘的，也有仿自然中的纹理（肌理）彩绘，还有粉彩描金（图1-70）等。其中，描金勾线添加墨彩，色彩对比强烈，产品效果别致（图1-71）。

---

① ［民国］许之衡,叶喆民《饮流斋说瓷》译注［M］.北京:紫禁城出版社,2005:60.
② ［清］陈浏,赵菁.匋雅［M］.北京:金城出版社,2011:15.

图1-70 清雍正粉彩八桃图天球瓶
（北京故宫博物院）

图1-71 清雍正景德镇窑绿地粉彩描金
堆花纹六角形瓶（上海博物馆）

乾隆时期盛行粉彩，以柔和细腻见长。乾隆粉彩，集多种陶瓷工艺成就于一身，体现了制瓷工艺高度发达。乾隆官窑粉彩的装饰图样一般都遵照宫廷规定，用处不同，纹样也会不同，但从整体上来说，逐渐从雍正时期的秀雅清丽转向繁缛华丽。各种色料均作为上色材料，金彩、黑彩、青花、五彩、斗彩等不同装饰技法的组合会出现在同一瓷器上。色彩偏向于柔和淡雅，红色也选用浅淡的桃红色，效果非常怡人，例如北京故宫博物院收藏的清乾隆粉彩九桃图天球瓶（图1-72）、清乾隆粉彩瓜瓞纹碗（图1-73）。从整体上来说，所施粉彩的面积要小于雍正时期，注重渲染，立体感非常强，若是图案装饰类型的，则大多体现一种繁缛华丽的风格（图1-74、图1-75）。乾隆官窑粉彩有一个标志性特征，即器物口部及底部都施松石绿釉，这种装饰形式一直延续到晚清。

图1-72 清乾隆粉彩九桃图天球瓶
（北京故宫博物院）

图1-73 清乾隆粉彩瓜瓞纹碗
（上海博物馆）

图 1-74　清乾隆绿地粉彩镂雕
四蝠番莲纹盆(上海博物馆)

图 1-75　清乾隆蓝地粉彩双龙蝠寿
缠枝花纹螭耳壁瓶(北京故宫博物院)

（四）斗彩

明宣德时期，"斗彩"由"青花五彩"发源而来，是一种釉下青花和釉上彩色结合的一种彩瓷装饰工艺，青花与五彩争奇斗艳、相映成趣，缺一不可，又可称"青花填彩""青花点彩""青花加彩"等。从技法上来说，先用青花在瓷胎上勾勒描绘出完整构图的纹饰和轮廓，然后罩透明釉以高温烧成，再用彩料填涂描画青花轮廓线中的纹样，之后再入窑低温烧造而成。明成化时期，"斗彩"成为独立的彩瓷门类，并成为著名的瓷器品类。但是斗彩在一开始并不被称作"斗彩"，在明代及清代初期的文献中，"斗彩"仍然被称为"五彩"。如《博物要览》《敝帚轩剩语》《清秘藏》《长物志》等在文中将成化斗彩瓷器称为"成化五彩"和"青花间装五彩"等。[①]清代《南窑笔记》中正式得名"斗彩"，"成正嘉万具有斗彩、五彩、填彩三种。先于坯上用青料画花鸟半体，复入彩料凑其全体，名曰斗彩。填者，青料双勾花鸟人物之类于坯胎，成后复入彩炉，填入五色，名曰填彩。"[②]

清代，景德镇御窑以明代斗彩技术为基础，又有了创新和发展。康熙时期是过渡期，一方面仿烧前朝佳器，一方面又创烧斗彩文房瓷和斗彩花盆等新的器型。康熙时期的大部分斗彩瓷器，虽不及明成化时期精致娇艳，但是也有色彩沉稳、画工精细之作，例如北京故宫博物院的清康熙斗彩雉鸡牡丹纹碗（图 1-76）、上海博物馆的清康熙斗彩鱼藻纹盖罐（图 1-77）纹样清丽，构图疏朗，画风清秀。

①　汪庆正.中国陶瓷研究[M].上海：上海人民出版社,2016：73.
②　熊廖.中国陶瓷古籍集成：注释本[M].南昌：江西科学技术出版社,2000：522.

图 1-76 清康熙斗彩雉鸡牡丹纹碗
（北京故宫博物院）

图 1-77 清康熙斗彩鱼藻纹盖罐
（上海博物馆）

　　清雍正时期，斗彩有了较大的发展，这可以看作继明成化之后，斗彩发展史上的第二个高峰。此时，斗彩瓷器造型增多，器型相对较大，纹饰布局合理，多为花卉植物，施彩薄而浅淡，填彩细腻工整，一般不会溢出青花勾勒的轮廓线，应该说比明代质量大有提升，尤其是最先在釉上彩中加入了粉彩，彩色晕染层次更加丰富。雍正斗彩有两种风格，一种是仿成化风格，另一种为本朝风格。清代《南窑笔记》认为雍正仿成化斗彩："今仿造者，增入洋色，尤为鲜艳。"[1]雍正斗彩的突出成就可以归纳为两点。第一，是仿制明成化斗彩的成功。清宫内务府造办档案有这样的记载："雍正七年四月十三日，……交来成窑五彩磁罐一件……照此烧几件。"[2]唐英在《陶成纪事碑记》记载，"仿成窑五彩器皿"[3]。雍正斗彩器中的仿成化斗彩鸡缸杯、马蹄杯与明代相比，非常相似，可以乱真。第二，雍正斗彩和粉彩相似，以花鸟主题为主，接近明成化风格，趋向于疏朗清逸（图 1-78）。雍正斗彩采用胭脂红替换矾红，使得斗彩瓷器更加娇艳（图 1-79）。

图 1-78 清雍正斗彩缠枝花纹碗
（北京故宫博物院）

图 1-79 清雍正景德镇窑斗彩
缠枝莲纹碗（上海博物馆）

①②③　中国硅酸盐学会.中国陶瓷史[M].北京：文物出版社,2009:429.

乾隆时期，斗彩依然流行，虽然成就不算十分出彩，但是有独特的时代特色。乾隆斗彩瓷器，数量较多，工艺细腻，装饰精致，色彩鲜丽，雍容华贵，纹样以团花、团彩（图 1-80）为主，一些斗彩瓷器装饰显示了与当时朝代相一致的繁缛华丽之风（图 1-81）。斗彩瓷器有时会采用金彩描绘花纹轮廓，或者是和粉彩组合起来描绘。但有一点必须要提出来，仿制明代斗彩的瓷器在乾隆时期基本未见。《饮流斋说瓷》就提到了清代仿明成化斗彩鸡缸杯就是"至乾隆以后，形式始趋一致尔"[①]。乾隆时期烧造的斗彩瓷器类别有日常生活用具、陈设用品、赏玩器具等，还有仿古瓷器诸如鼎、尊之类，这些传世品中有一部分是按照惯例为皇宫御用烧造，也有专为皇帝和皇太后万寿节烧制的贡品。

图 1-80　清乾隆斗彩番莲纹缸
（上海博物馆）

图 1-81　清乾隆斗彩勾莲八宝纹
五供之蜡扦(北京故宫博物院)

（五）素三彩

明时，素三彩已有烧造，其中以明正德时期的素三彩最为精致。清末陈浏《匋雅》中写道："西人以康熙黄、茄、绿三色之瓷品为素三彩。"[②]这是"素三彩"一词最早的记载。许之衡在《饮流斋说瓷》中也提道："茄、黄、绿三色绘成花纹者谓之素三彩。"[③]同唐三彩一样，素三彩之"三"不是具体的数目，而指颜色之多，无特定含意。"素三彩"之"素"有两种含义：第一，此类瓷器不用或者少用红色釉，古人认为红为荤色，非红为素色。第二，这种瓷器都是用素胎上釉烧成。

清康熙时期，素三彩瓷器有了进一步发展，除了黄、绿、紫外，增加了特有的蓝彩。素三彩的加彩方法一般有三种：第一种，素烧加彩，再罩透明釉，低温烧成。例如，上海博物馆的清康熙素三彩三果纹盘（图 1-82）。第二种，白釉瓷涂色地，再绘

---

① ［民国］许之衡，杜斌.饮流斋说瓷［M］.济南：山东画报出版社，2010：197.
② ［清］陈浏，赵菁.匋雅［M］.北京：金城出版社，2011：196.
③ ［民国］许之衡，杜斌.饮流斋说瓷［M］.济南：山东画报出版社，2010：87.

素彩，例如黄地加彩、绿地加彩、墨地素三彩。康熙素三彩有碗、盘器皿、文具盒、炉、瓷塑（观音像、动物等）。第三种，俗称"虎皮斑"，是以黄、绿、紫釉自然晕散，形成杂斑，这种杂斑具有自然形成的特色之美。例如，北京故宫博物院收藏的清康熙素三彩斑纹撇口碗（图 1-83）。

图 1-82　清康熙素三彩三果纹盘
（上海博物馆）

图 1-83　清康熙素三彩斑纹撇口碗
（北京故宫博物院）

四、色釉瓷器

清代，色釉瓷器数量庞大，品质卓越。清代色釉瓷器技术在明代的基础上进行创新，创烧了大量新的色釉瓷品种，对宋代官窑名瓷的仿制更是成就突出。

（一）郎窑红

郎窑红代表了康熙前期景德镇瓷器的高超水平，是仿制明代宣德宝石红釉极为成功的产品。郎窑红釉色莹澈浓艳，像初凝的牛血那样猩红，有"牛血红"之说。郎窑红釉汁较厚，会自动往下流，口沿处会露出白色胎底，底足部分旋削保证了留釉不过足，有"脱口垂足郎不流"之称（图 1-84）。郎窑瓷器均有大件、小件，康熙时创新器型有笠式碗、观音尊（图 1-85）、油锤瓶之类。一般郎窑红瓷器不写年款。

图 1-84　清康熙宣德款郎窑红釉天球瓶
（北京故宫博物院）

图 1-85　清康熙郎窑红釉观音尊
（中国国家博物馆）

（二）豇豆红

康熙时期，豇豆红与郎窑红齐名。豇豆红因色彩酷似豇豆的红色而得名，又称"桃花片""娃娃脸""美人醉"等，色调柔和淡雅，清淡悦目。豇豆红的瓷胎在红色下带有绿色的细小斑点。从技术上来说，豇豆红的烧成难度大于郎窑红，因此器型较小，一般不超过20cm，造型不多，多为文房用具，例如印合、水盂、笔洗等，也有少量柳叶瓶、菊瓣瓶之类造型。官窑豇豆红器物足底有"大清康熙年制"款识。例如，清康熙豇豆红釉菊瓣瓶（图1-86）为康熙豇豆红的标准式样之一，釉面薄而细腻，呈现淡雅的桃红色，表面有散缀的深红色斑点和苹果绿斑点，精美细腻。

图 1-86　清康熙豇豆红釉菊瓣瓶（北京故宫博物院）

（三）霁红

霁红，又名祭红、际红，与郎窑红、豇豆红一样，均是利用铜着色。明宣德年间，景德镇窑烧制成一种色泽和纯度都极美的"祭红"。因器物主要用于宫廷祭祀，因此称为"祭红"。又因其颜色如天上彩虹之"红"，也称为"霁红"。霁红是一种深沉的红釉，色彩呈现均匀。霁红釉烧造难度较大，清人龚鉽在《景德镇陶歌》中记录了霁红瓷器的烧成难度。清蓝浦《景德镇陶录》记载："用红铜条、紫英石合成，兼配碎器木、宝石、玛瑙。"[1]清代蓝浦的《景德镇陶录》卷二记载："陶户能造霁红者少，无专家，惟好官古户做之。"[2]"做"为"仿"之意。

康熙时期，霁红并不多见，霁红釉大多较为黯淡。到了雍正、乾隆时期，产量增大，质量提升，之后就逐渐衰退。雍正时期，祭红釉梅瓶、胆瓶、碗盘之类较丰富，有些还有粉彩装饰图案（图1-87）。清宫造办处档案保留着雍正皇帝催制霁红器的记录："雍正十三年七月十九日，……传旨着年希尧照样（霁红高足茶圆）烧造一百三十件送来。"[3]乾隆时期，以玉壶春、胆式瓶（图1-88）、碗类居多，民窑烧造霁红瓷器逐渐增多。

① ［清］蓝浦,［清］郑廷桂,连冕.景德镇陶录图说[M].济南:山东画报出版社,2004:193.
② ［清］蓝浦,［清］郑廷桂,连冕.景德镇陶录图说[M].济南:山东画报出版社,2004:156.
③ 中国硅酸盐学会.中国陶瓷史[M].北京:文物出版社,2009:432.

图 1-87　清雍正祭红釉粉彩梅竹图瓶
（北京故宫博物院）

图 1-88　乾隆款祭红釉胆式瓶
（北京故宫博物院）

（四）仿烧宋代汝、官、哥、钧釉

　　清代，有仿烧宋代名瓷之习惯。从雍正开始，仿制宋代汝、官、哥、钧窑的瓷器工艺非常成熟，颇有成就。在清代唐英的《陶成纪事碑记》中曾多次记录雍正御窑厂已大量仿制这些宋代瓷器釉色。根据现存的实物考察，高品质的仿烧一般为官窑瓷器，但民窑也仿制烧造。

　　仿汝窑器，大多为天蓝色釉，鱼子纹小开片，仿汝釉面透亮，色泽淡雅柔和，清澈晶莹（图 1-89、图 1-90）。清代宋汝瓷器大多为小件，也有瓶、洗等大件瓷器。御窑厂出品的仿汝釉瓷器的器底往往书写"大清雍正年制""大清乾隆年制"的款识。

　　仿官窑瓷器中典型的釉色为莹润的灰蓝色釉面点缀着本色纹片，釉色透亮莹润。北京故宫博物院收藏的清雍正仿官釉桃式洗是典型代表（图 1-91）。雍正、乾隆时期烧制的仿官窑器的主要造型有贯耳瓶、三孔葫芦瓶、三足洗、耳象尊等，技术水平极高，达到了真伪难辨的水平。御窑厂烧制的瓷器器底均有款识。

图 1-89　清雍正仿汝釉如意
耳扁瓶（北京故宫博物院）

图 1-90　清乾隆仿汝釉莲
子水丞（北京故宫博物院）

图 1-91　清雍正仿官釉
桃式洗（北京故宫博物院）

雍正、乾隆时期，仿哥窑大多仿制体积较大的器物，釉色以深、浅灰青为多，部分有紫口铁足。仿哥瓷器的表面由大且深和小而浅的两种纹片交织组成，就是俗称的"金丝铁线""鳝血"。清雍正朝的仿哥窑制作精良，既有"金丝铁线"，也有单纯的细小纹片或大纹片。从造型上来说，仿官窑和仿汝釉为多，常见的有贯耳瓶、狮耳瓶、抱月瓶、各式笔洗等。北京故宫博物院收藏的清雍正仿哥釉双耳四方瓶（图1-92），造型端庄典雅，色彩浅青带灰，色泽莹润，开片裂纹较细。

图 1-92　清雍正仿哥釉双耳四方瓶(北京故宫博物院)

雍正时期，仿烧钧窑瓷器非常成功。清宫内务府造办处档案有很多关于雍正皇帝催促仿钧釉瓷器的记载，雍正七年闰七月、八年十月、十一年正月等均有催促烧造的记录。[①]雍正六年，唐英在景德镇御窑厂协理窑务。雍正七年，派吴友闺（厂署幕友）调查钧窑瓷器釉料的配方。之后，清宫档案中屡见景德镇仿钧釉瓷器烧造成功的纸面记录，这应该是有前因后果关系的。仿钧釉的窑变，是指一瓷胎上有多种不同的釉料，在高温烧造过程中釉料会有自然流淌、相互交融的现象，这种交融之后呈现的色彩为自然形成，色彩丰富且自是人工难以合成的（图1-93）。较红的称之为火焰红，较蓝的称之为火焰青。仿钧窑器形制中圆器很少，多为瓶、罐等琢器或陈设器，御窑厂有"雍正年制"或"乾隆年制"款识。清代景德镇民窑也有一定的成就，《景德镇陶录》中有所记录。

图 1-93　清乾隆仿钧釉葵瓣式三足洗
（北京故宫博物院）

雍正年间，炉钧釉瓷器开始创烧，雍正、乾隆二朝盛行，后历代均有烧造。炉钧釉瓷器主要是仿宋钧釉而得此名。清代《南窑笔记》载："炉均一种，乃炉中所烧，颜色流淌中有红点者为佳，青点次之。"[②]炉钧釉瓷，是在高温烧制的素胎上施以不同色彩的釉料，再经低温炉火烘烤而成，有红、兰、紫（图1-94）、绿、月白等色。雍正炉钧釉瓷器的色彩以蓝色为主，带有红、青斑点。其中"高粱红"，红中泛紫，类似高粱穗颜色，最为珍贵。乾隆早期也是同类色彩，中晚期就不再出现。乾隆时期炉钧釉瓷器的色彩以松石绿和青金蓝交织组成的釉色（图1-95）为主，偏冷色调。

①　中国硅酸盐学会.中国陶瓷史[M].北京：文物出版社,2009:433.
②　熊廖.中国陶瓷古籍集成：注释本[M].南昌：江西科学技术出版社,2000:523.

图 1-94　清雍正炉钧釉石榴尊
（北京故宫博物院）

图 1-95　清乾隆炉钧釉双耳三足
炉(北京故宫博物院)

（五）青釉

宋代龙泉窑的青釉瓷器烧造技术已经具有极高水平，但稳定度不理想，烧成率不高。清雍正时期，景德镇掌握了非常成熟稳定的烧造技术，根据釉色的深浅可以分为东青（图 1-96）、粉青（图 1-97）、豆青（图 1-98）等品种。其中东青釉成就最为突出。东青釉，又称"冬青""冻青"。清末寂园叟《匋雅》："康雍两窑青色盖淡""其较深者厥称东青"[1]。康熙时期是恢复时期，釉色较绿，与绿釉比较接近。雍正时期的东青釉品质最为突出，呈色有深浅两种。这与雍正本人坚持让景德镇烧造东青釉是分不开的。深色的偏绿，浅色的泛白，之后各朝均以烧造浅色的为主。雍正青釉瓷的釉色稳定，釉色苍翠匀净，釉面平整光滑，这说明景德镇匠人们对铁的含量和还原气氛的

图 1-96　清雍正东青釉暗划
缠枝莲纹碗(北京故宫博物院)

图 1-97　清雍正粉青釉莲
瓣口瓶(北京故宫博物院)

图 1-98　清乾隆豆青釉葫芦瓶
一对(美国大都会博物馆)

① ［清］陈浏,赵菁.匋雅［M］.北京:金城出版社,2011:123.

把控得心应手。从形制来说，雍正青釉无论器物大小，烧造都非常稳定，盘、碗、瓶、罐之类等非常规整，成品率非常高。当时景德镇的官窑、民窑都在烧造。乾隆时期的东青釉结合了其他的描金、粉彩等综合技法。

（六）胭脂水

康熙年间，"胭脂水"原料从西方国家引进我国，到了晚期开始烧成。雍正、乾隆时期，技术成熟。胭脂水是一种呈粉红色泽的低温颜色釉，又称"金红釉""蔷薇红""洋金红"，浅色的为胭脂水釉，浓郁的称为"胭脂紫"。这种颜色以黄金为着色剂，含有万分之一二的金，烧造后呈现出胭脂红色。雍正时，常常烧造，釉料较薄，色调鲜艳（图1-99、图1-100）。胭脂水的瓷器均为官窑产品，器型常见小件，杯、碗、水盂之类，大型器物不多。

图1-99　清雍正里白釉外胭脂水釉暗划龙纹碗
（北京故宫博物院）

图1-100　清雍正胭脂红釉花口碗
（美国纽约大都会艺术博物馆）

（七）紫金釉

紫金釉的前身可以说是酱釉。紫金釉，又叫"柿色釉"，是酱色釉的一种，以氧化铁为着色剂，呈棕红色。到了清代，清康熙、顺治时期流行。清代《南窑笔记》："别有紫金釉一种，色黄紫，性耐火，坚实。出景镇山土春成。……深则为紫金，淡则成米色。"[1]清代蓝浦《景德镇陶录》："紫金釉，用罐水、炼灰、紫金石水合成。"[2]乾隆时期，加金后用来仿古铜彩，是比较特殊的一种品种，例如北京故宫博物院收藏的清乾隆紫金釉贯耳弦纹尊（图1-101）。

图1-101　清乾隆紫金釉贯耳弦纹尊（北京故宫博物院）

①　熊廖.中国陶瓷古籍集成：注释本［M］.南昌：江西科学技术出版社，2000：524.
②　［清］蓝浦，［清］郑廷桂，连冕.景德镇陶录图说［M］.济南：山东画报出版社，2004：193.

（八）乌金釉

康熙时，乌金釉开始烧造，且极为盛行。雍正时期继续烧造。乌金釉的釉料来自江西景德镇的乌金土，因此而得名。乌金釉是"优质青料与紫金釉合成"①，烧成之后光润黑亮，如黑漆一般，比黑釉更有光泽（图1-102）。瓷胎釉色为纯粹的乌金釉比较少见，一般常用乌金釉作地，上面用金彩描绘锦地或开光纹饰。清代唐英《陶成纪事碑记》②、清代蓝浦《景德镇陶录》③中均有对乌金釉装饰的记载，主要有两种装饰形式，为黑地白花、黑地描金，是创新的装饰样式。从存世品来看，还有乌金加赤金、乌金加金图案开光、乌金加粉彩等综合装饰。

图1-102　清乌金釉碗
（中国国家博物馆）

（九）珊瑚红

珊瑚红是以铁为着色剂的一种低温铁红釉，一般作为地色，呈色类似红珊瑚。其在瓷器上的制作过程是将珊瑚红釉吹在洁白的瓷胎上（俗称"吹釉"），再进行低温烧造，成品釉色光润均匀，可与天然红珊瑚的色泽相媲美。康熙时，珊瑚红创烧成功，雍正、乾隆时流行。康熙时，红色较深，暗红，缺乏光泽；雍正时红釉中有闪黄，颜色光亮，较接近天然珊瑚红；乾隆时红色较深，釉层厚，应该是多次吹釉造成的。康熙、雍正时将珊瑚红作为底色，配以五彩或粉彩，但产品较少见（图1-103）。乾隆时，珊瑚红作底涂饰描金或者器耳上加绘纹样。

图1-103　清珊瑚红地粉彩牡丹纹贯耳壶（北京故宫博物院）

（十）孔雀绿

孔雀绿釉是一种翠绿透亮的釉色，又可以称之为"吉翠""法翠"，是一种以氧化铜为着色剂的颜色釉，在中低温下，用还原焰烧制而成。宋元时期，宋代磁州窑开始烧造孔雀绿釉瓷器，到了明代，景德镇开始烧造，晚期衰退。清代，康熙时期开始繁盛，产品数量较丰富，质量较高，有流釉现象，色泽有的浓且葱翠，有的淡而纯净（图1-104），釉

① 樊文江.美术辞林[M].西安:陕西人民美术出版社,1989:130.
② 熊廖.中国陶瓷古籍集成:注释本[M].南昌:江西科学技术出版社,2000:133.
③ [清]蓝浦,[清]郑廷桂,连冕.景德镇陶录图说[M].济南:山东画报出版社,2004:189.

面均密布鱼子纹状小细开片。雍正、乾隆时，孔雀绿釉瓷器的形制更加丰富，复古瓷器的造型偏多（图1-105、图1-106）。

图1-104　清康熙孔雀绿釉　　　图1-105　清雍正孔雀绿釉　　　图1-106　清乾隆孔雀绿釉
花觚(北京故宫博物院)　　　　凸花纹尊(北京故宫博物院)　　　象耳瓶(北京故宫博物院)

（十一）洒蓝釉

明宣德时，已经出现洒蓝，但产品精细度不高，比较初级。清康熙时，蓝釉已有洒蓝、天蓝、霁蓝等多种釉色，制作技术非常成熟并普遍流行。瓷器上的洒蓝釉效果犹如洒落的蓝色水滴一样，因此称为洒蓝（亦称雪花蓝），又称为吹青。洒蓝釉，釉色透亮光洁，淡雅明丽，例如上海博物馆的清康熙景德镇窑洒蓝釉瓶（图1-107）。美国纽约大都会艺术博物馆的清雍正天蓝釉长颈瓶（图1-108），蓝色更淡一点。民窑的洒蓝釉瓷器造型也颇多，有盘、碗、笔筒、棒槌瓶之类，常常喜爱在器物上描金开光。笔筒、碗之类多描绘锦地纹饰，其上绘制耕织图。

图 1-107　清康熙景德镇窑洒　　　图 1-108　清雍正天蓝釉长颈瓶
蓝釉瓶(上海博物馆)　　　　　　　(美国纽约大都会艺术博物馆)

（十二）霁蓝釉

元时，霁蓝釉开始创烧，明宣德时期该技术达到顶峰，清代康熙、雍正、乾隆时仍大量烧造，清后期逐渐衰弱，但是生产均未断，有精品传世。霁蓝釉是高温石灰碱釉，属蓝釉的一种，色调深沉，深色如深海之色，浓淡均匀，浑厚美观，呈色稳定，明亮如宝石。明清时候，祭器常常用此色，也称"祭蓝釉"，因古时蓝又可称为青，因此也叫"霁青釉""积蓝釉"等。许之衡的《饮流斋说瓷》说："古瓷尚青，凡绿也、蓝也，皆以青括之。"①清代常见的造型多为宫廷祭器和陈设用瓷，有的刻暗花纹，有的描绘金彩。康熙霁蓝釉瓷器以文房用具为主，形体偏小。到了雍正、乾隆时期，形体较大的瓶、罐等开始烧制，成品大部分为官窑烧制。乾隆时期，有描金绘画的清乾隆霁蓝釉金银彩暗八仙福寿连绵图天球瓶（图1-109），也有制作集诗、书、画于一体的作品，例如，清乾隆祭蓝釉开光花卉诗句瓶（图1-110）。

图1-109　清乾隆霁蓝釉金银彩暗八仙福寿连绵图天球瓶（2022年英国Dreweatts拍卖行亚洲艺术周·欧洲站拍卖会）

图1-110　清乾隆祭蓝釉开光花卉诗句瓶（北京故宫博物院）

（十三）紫釉

紫釉，色如茄皮，所以又称之为"茄皮紫"。明代，景德镇开始烧造紫釉。清代，以康熙时期紫釉瓷器烧造技术最为成熟。《南窑笔记》记载："铅粉、石末、入青料则成紫色。"②根据当今景德镇的紫釉配方，是一种"叫珠"矿物引入的。叫珠，是江西赣州的一种钴土矿，但含钴低，含锰高。③茄皮紫釉的主要着色剂是锰，铁和钴起调

①　［民国］许之衡，杜斌.饮流斋说瓷［M］.济南：山东画报出版社，2010：13.
②　中国硅酸盐学会.中国陶瓷史［M］.北京：文物出版社，2009：436.
③　许绍银，许可.中国陶瓷辞典［M］.北京：中国文史出版社，2013：405.

色作用。清代茄皮紫釉，釉色乌亮泛紫，均匀肥厚，不开片，十分美丽（图1-111、图1-112）。康熙时期的色彩较淡，暗刻花纹之后纹饰明显。雍正、乾隆时期色彩较为浓郁，暗刻纹样不易显现。

图1-111 清康熙茄皮紫暗石榴花纹盘
（北京故宫博物院）

图1-112 清雍正茄皮紫釉暗划云龙纹碗
（北京故宫博物院）

（十四）茶叶末釉

茶叶末釉起源于唐代的黑釉，据推测是无意烧造而成的。茶叶末釉因与茶叶末的色彩非常相似而得名，釉色为深沉的黄绿色泽，是古朴自然之色。"茶叶末黄杂绿色，妖娆而不俗，艳于花，美如玉……"[1]清代早期的官窑有意模仿烧造此类色彩，康熙时藏窑已有"蛇皮绿""鳝鱼黄"等品种。留存至今的实物以雍正、乾隆产品为多。雍正时色彩偏黄，俗称"鳝鱼皮""鳝鱼黄"等（图1-113）。清代陈浏《匋雅》有记载："茶叶末一种，本合黄、黑、绿三色而成"，以雍正仿成化者最为珍贵，"雍正官窑则偏于黄矣，而尤以绿色独多者，最为希罕，盖乾隆窑也"[2]。乾隆时期的产品偏绿，俗称"蟹壳青""茶叶末"等。由于茶叶末的色泽比较深沉，被常常用来仿古铜彩釉。嘉庆后质量逐渐下降，道光、咸丰（图1-114）、同治、光绪四朝仍在烧造，胎体厚重，略显呆板，且烧造数量较少，造型也无新意。茶叶末的造型大多为琢器陈设瓷，如炉、罐、瓶、觚等，较少碗盘之类器物。

图1-113 清雍正茶叶末釉纸槌瓶（北京故宫博物院）

图1-114 清咸丰茶叶末釉水盂（上海博物馆）

② ［清］陈浏,赵菁.匋雅［M］.北京:金城出版社,2011:134.
③ ［清］陈浏,赵菁.匋雅［M］.北京:金城出版社,2011:175.

Chapter II >>
第二章 **清代瓷器缠枝纹装饰艺术**

清代，瓷器装饰艺术繁复华丽，精巧细致，追求仿古、仿旧、仿真。清代瓷器工艺集历代装饰技法之大成，形成宫廷和民间两大装饰体系。在清康熙、雍正、乾隆三朝严谨的官样体系下，瓷器装饰纹样逐渐形成了统一性、规范性、制度性，具有固定的意义和用途。官窑瓷器装饰技法多样，刻、划、印等技法不再单一出现在器物上，大部分搭配了色釉、青花、五彩、粉彩等，使得瓷器装饰纹样描绘精致、套色多重、纹样精致、繁缛精巧。清代皇帝们的审美情趣作为景德镇御窑瓷器装饰艺术的重要参考，这种皇家的支持对于清代瓷器发展是必不可少的。清代缠枝纹装饰艺术更加注重"吉祥"，其寓意美好生活的象征内涵进一步加强，甚至采用更加直观的表现方式。

第一节　清代瓷器缠枝纹装饰母题

　　清代，康熙、雍正、乾隆三朝瓷器为制作技术最高峰，也是我国古代瓷器装饰艺术发展的黄金时期。清代延续明代"图必有意，意必吉祥"的装饰观念，装饰题材范围不断扩大，形式多种多样，纹样繁缛精致，色彩鲜艳明丽。缠枝纹母题装饰运用象征、寓意、比拟、表号、谐音、文字等种种手法来反复表达吉祥寓意和吉祥观念。缠枝莲花、缠枝牡丹、缠枝宝相花与各种洋花、杂花、瓜果、草叶等组合在一起，形成满密的装饰花卉花果纹样，生机勃勃，富有情趣。人物、鸟兽、文字与诗、书、画常常装饰于一个瓷器上，造型与装饰融于一体。清代外来文化影响至深，巴洛克、洛可可的装饰风格及伊斯兰植物造型装饰纹样涌入，极大地影响了瓷器缠枝纹的装饰风格，吸收后呈现出繁缛、富丽的纹样形态，其中最为典型的是乾隆时期的植物装饰纹样。

一、缠枝莲花纹

　　清代瓷器业空前繁荣，制瓷技术登峰造极。每年烧造各种瓷器都在数十万件以上，其中瓷器中最大数量的装饰母题是缠枝莲花纹，这与莲花纹的寓意吉祥如意、福气绵延、生生不息是分不开的。在这里，我们将传统的莲花纹、莲荷纹和西番莲纹分开进行描述，这样更有利于大家了解莲花纹的不同装饰形态特征。从清三朝来说，乾隆、雍正时期的莲花纹装饰要比康熙时期丰富很多。清代瓷器缠枝莲纹的装饰风格从前朝的疏朗自然，开始向繁密、规整、对称发展，经过美化变形的花冠和枝叶，姿态多变，装饰性更强（图2-1）。清代缠枝莲花纹蜿蜒多姿，富有动感的造型特点和各种器型完美结合，可以使匠人们用刻、划、印、堆塑、彩绘等各种技法肆意展现自己的技巧（图2-2）。清代的缠枝莲花纹，有具象写实的刻画，也有夸张变形的概括，有些与其他花卉如牡丹、芍药、菊花等结合，有的与丰收的果实组合，形成综合性装饰形态，寓意着四季如锦、四季丰收（图2-3）。缠枝莲花纹还与鱼、鸟、虫、龙凤、童子等组合成吉祥图案，如"双鱼戏莲""蜻蜓荷花""鸳鸯戏莲""龙穿莲花""童戏莲花"等，这些纹饰象征爱情幸福、婚姻美满、福气绵绵，表达特定的含义（图2-4）。除此以外，莲花与福禄寿喜字、佛教八宝组合的形式亦非常丰富。

图 2-1　清康熙青花莲托八宝纹碗
（北京故宫博物院）

图 2-2　清雍正青花缠枝莲大碗
（北京故宫博物院）

图2-3　清乾隆斗彩缠枝莲纹
竹节耳瓶(上海博物馆)

图 2-4　清嘉庆青花福寿字缠枝莲
纹扁壶(北京故宫博物院)

二、缠枝西番莲纹

西番莲，从植物名称上来说，又可以称之为"西洋花""西番鞠""西洋鞠""西洋菊""转心莲"。从造型上来说，还有一种花卉"大丽花"，也有人称之为西番莲，亦称"大理花""天竺牡丹"。[①]

清代古籍中有较多提到"西番莲纹"。清代《格致镜原》写道："《陶书》隆庆烧造青花白地陶器有……八仙庆寿西番莲里……"[②]清代《匋雅》写道："康熙……其余龙凤番莲之属规矩准绳毕恭敬止""康窑色釉夹彩者，多系黄地或作番莲四朵""仿宋……而以卍字与串枝番莲为较多"[③]。清代方浚颐《二知轩诗钞》、阮元《广东通志》、黄宗羲《明文海》、石韫玉《独学庐稿》等均有对西番莲纹的记录或者描述。[④]

从数量上来说，清代瓷器缠枝西番莲纹的数量远超传统莲花纹，这与西番莲纹此时已经成为官样图案有着重要关联。作为官样的图案，往往其装饰形态和模式是固定的。《大清律例》"不许买黄紫黑皂大花西番莲缎疋"，《钦定大清会典则例》"议准凡外国贸易，不许收买史书、黑黄紫皂大花西番莲段"，《钦定续文献通考》"英宗天顺二年，定官民衣服不得用……大西番莲……"[⑤]从这些规定上来看，西番莲纹的图样属于官府管制纹样，因此留存至今的西番莲纹数量庞大。官样的实质就是清宫皇室决定了瓷器装饰艺术风格走向，体现了皇帝们个人的审美情趣。这种富丽繁密、细致精巧的纹饰更是被层层堆叠，有的多达数十层。

清代的缠枝西番莲纹传承自明代样式，大体上变化并不大。从花冠来说，细节造型多变，多为正面花冠、侧面花冠，花蕊主要有心形、圆形和石榴形等几种形式。清康熙青花荷莲纹大盘（图 2-5）中的缠枝莲花花瓣为云勾状，这种云勾状曲线传承自明代传统，在清代装饰艺术中常常应用，非常流行。清康熙青花莲瓣纹筒式瓶（图 2-6），瓶身装饰分为三部分，肩颈部为传统莲荷纹样式，腹部和胫部为勾莲纹，西番莲纹花冠呈对称状，细腻精致，整个瓶饰青花与白皙的空白胎体表现形成对比，优雅精致，富有韵味。雍正时期的番莲纹减少，相比康熙、乾隆时期要少很多，当然，这与雍正一朝时间较短有一定的关系。清雍正景德镇窑青花釉里红缠枝莲纹瓶

① 　许绍银，许可.中国陶瓷辞典[M].北京:中国文史出版社,2013:312.
②③ 　王怡苹.元明清官窑番莲花纹饰之研究[M].北京:社会科学文献出版社,2017:20.
④ 　王怡苹.元明清官窑番莲花纹饰之研究[M].北京:社会科学文献出版社,2017:22-23.
⑤ 　王怡苹.元明清官窑番莲花纹饰之研究[M].北京:社会科学文献出版社,2017:21.

（图 2-7），花红叶绿，颇为精致。乾隆时期，缠枝西番莲纹的数量非常巨大，且表现形式多样。清乾隆松石绿釉剔刻缠枝番莲纹瓶（图 2-8），器形古典，造型敦厚，其采用剔、刻的形式进行西番莲纹的装饰，缠枝纹样细腻，与造型形成鲜明的对比，颇有特点。清乾隆青花番莲纹四管方瓶（图 2-9），造型别致，颈部、肩部、腹部均有一周缠枝番莲纹装饰，纹样描绘细腻精致。清后期的几朝均有大量装饰缠枝西番莲纹的瓷器，这更是说明了对这一纹样的信仰和传承态度，例如，清嘉庆青花缠枝莲纹碗（图 2-10）、清嘉庆绿地白花三孔葫芦瓶（图 2-11）、清光绪景德镇窑斗彩番莲纹葵口花盆（图 2-12）、清宣统景德镇窑青花缠枝莲纹盘（图 2-13）等。

图 2-5 清康熙青花荷莲纹大盘（北京故宫博物院）

图 2-6 清康熙青花莲瓣纹筒式瓶（北京故宫博物院）

图 2-7 清雍正景德镇窑青花釉里红缠枝莲纹瓶（上海博物馆）

图 2-8 清乾隆松石绿釉剔刻缠枝番莲纹瓶（上海博物馆）

图 2-9 清乾隆青花番莲纹四管方瓶（上海博物馆）

图 2-10 清嘉庆青花缠枝莲纹碗（北京故宫博物院）

图 2-11　清嘉庆绿地白花三　　　图 2-12　清光绪景德镇窑斗彩　　图 2-13　清宣统景德镇窑青花
孔葫芦瓶(北京故宫博物院)　　　番莲纹葵口花盆(上海博物馆)　　缠枝莲纹盘(上海博物馆)

三、缠枝牡丹纹

　　清代，瓷器牡丹纹的形态各式各样，写实、抽象、写意等各种绘画方式广泛运用。但相比前朝，国色天香的牡丹花装饰的数量逐渐减少，且图案式、程式化的牡丹装饰纹样骤减，瓷器装饰主要以国画写意的方式为主，这与世俗化题材大量增加有关。从留存至今的实物来看，康熙之后，图案式的缠枝牡丹纹逐渐减少，乾隆、雍正之后主要是青花缠枝牡丹纹装饰。除此之外，自由式的、绘画式的，抑或与洋花洋彩结合的牡丹纹装饰题材进一步增多。

　　清代彩绘技法的发展为瓷器牡丹纹装饰提供了更好的表现方式，牡丹纹大多画盛开的花，花头大而饱满，多用红彩，衬以绿叶，用色喜庆，画面的色彩艳丽、生动。从花冠来说，利用新颖的变形装饰技法进行牡丹特征和形态描绘的案例不断丰富，如卷云状的牡丹花瓣、如意造型的牡丹花头等。例如北京故宫博物院收藏的清康熙黄地珐琅彩缠枝牡丹纹碗（图 2-14），碗为明黄色底，牡丹花瓣舒展盛开，颜色多样，层层晕染。中间主花卉的花冠有二色，中心花瓣为红色，外围花瓣为蓝色，枝蔓虽未遍布但缠绕特征明显，整体效果端庄，画工严谨细腻，具有图案化的效果。清康熙青花缠枝牡丹纹碗（图 2-15），满饰青花，腹部有一周缠枝牡丹纹，花卉先勾线，后填色，花瓣的纹路仿佛也看得清清楚楚，叶片色彩相对较深，与花瓣的浅色形成对比，描绘十分细腻精致。值得一提的是，之后的时期，此类青花牡丹纹装饰的碗一直被历代所模仿，估计是该纹样为官样所致。清康熙青花牡丹纹执壶（图 2-16），满饰青花，颈下部、腹部均为缠枝牡丹纹装饰，花大叶小，与其他纹样焦叶纹、海水纹、卷草纹等相互映衬，显示了一片繁荣景象。清雍正红地粉彩缠枝牡丹纹碗（图 2-17），牡丹花冠端正呈对称型，色彩为红地粉彩，有些贵气。清嘉庆粉彩凤穿牡丹纹双耳瓶

（图2-18），以传统图形"凤穿牡丹"为主图，采用粉彩装饰，色彩多样，飘逸轻盈。

图2-14　清康熙黄地珐琅彩缠
枝牡丹纹碗（北京故宫博物院）

图 2-15　清康熙青花缠枝
牡丹纹碗（北京故宫博物院）

图 2-16　清康熙青花牡丹
纹执壶（北京故宫博物院）

图2-17　清雍正红地粉彩缠枝牡丹纹碗
（北京故宫博物院）

图2-18　清嘉庆粉彩凤穿牡丹纹双耳瓶
（北京故宫博物院）

四、缠枝菊花纹

菊花，是我国传统装饰花卉，历代广受欢迎。清康熙时期，汪灏等编撰的《广群芳谱》（《群芳谱》补遗），又增加菊种四十一种，著录增至 316 种，这说明清代的菊花种植业发展很迅速，并且受人瞩目。历代文人都爱菊，为之赋以多种多样之含意。清代瓷器上的菊花装饰进入了彩绘的新时代，装饰技法特别丰富，还有不少创新。与明代相比，清代的写实类型菊花画工更为细腻，色彩艳丽，尤以粉彩、珐琅彩菊花纹最为华丽娇艳。瓷器上绘制、烧造之后的菊花色彩和造型均酷似大自然中的菊花。图案式的菊花纹不断减少，尤其是专门以缠枝菊花纹为主要母题的很是罕见，一般来说，菊花纹与其他纹样一起搭配的，或者是团菊纹，其中与莲纹搭配的装饰母题最为丰富。此外，菊瓣造型的瓷器品种愈加丰富。

北京故宫博物院的清顺治青花婴戏图炉（图2-19），在颈部有一周缠枝菊花纹，这是作为辅助纹饰出现的。清康熙青花缠枝菊花纹碗（图2-20），装饰的缠枝菊花纹，菊花花冠硕大，花瓣层层叠叠，以花蕊为中心呈发射状，与真实的菊花也较为接近。茎较细，叶片较小，与菊花形成鲜明的对比。清雍正斗彩团菊纹盖罐（图 2-21）、清雍正青花缠枝莲纹双耳扁壶（图 2-22），器表上装饰的花卉多种多样，均是菊花纹和其他纹样搭配在一起进行装饰，显得繁花似锦。

清代时，大部分陶瓷菊花纹装饰追求写实，细致刻画之后，造型、色彩均模仿大自然中自然生长的菊花形态，非常逼真。从瓷器写生菊花形态来说，有的黄菊花线条细腻流畅，花形饱满，层层绽放（图 2-23）；有的菊花线条勾描细腻流畅（图 2-24），花瓣潇洒，随风起舞；有的菊花呈色淡雅（图 2-25），生动写实；有的菊花与虫鱼之类组合装饰，富有生活情趣（图 2-26）。

图 2-19　清顺治青花婴戏图炉（北京故宫博物院）

图 2-20　清康熙青花缠枝菊花纹碗（北京故宫博物院）

图 2-21　清雍正斗彩团菊纹盖罐（北京故宫博物院）

图 2-22　清雍正青花缠枝莲纹双耳扁壶（北京故宫博物院）

图 2-23　清乾隆粉彩菊花纹灯笼尊（中国国家博物馆）

图 2-24　清乾隆黄地轧道粉彩菊花纹碗（北京故宫博物院）

图 2-25　清乾隆粉地粉彩开光菊花纹茶壶（北京故宫博物院）

图 2-26　清道光粉彩菊花秋虫纹盖碗（上海博物馆）

五、缠枝朵花纹

朵花应是一种创造性花卉，融合多种花卉的特征。[①]到了清代以后，朵花花卉突然增多，花团锦簇，在各类工艺美术产品上均有发现。台北故宫博物院收藏的清雍正青花缠枝花卉纹大盘（图 2-27），盘中心为五朵花围绕一朵中心花卉，盘内壁为七组朵花纹缠绕成圈，布局满密，花枝柔软，繁花似锦，藤蔓植物特征非常明显。北京故宫博物院的清雍正青花缠枝花蕉叶纹瓶（图 2-28），腹部装饰有缠枝朵花纹，花大叶小，枝叶缠绕，一派生机勃勃。在清雍正青花龙穿花纹大瓶（图 2-29）上，朵花纹作为缠绕花卉穿插在飞翔的龙纹中，衬托着龙的威武。此类题材，自古有之，例如"凤穿牡丹""龙凤穿花"等。

图 2-27 清雍正青花缠枝花卉纹大盘(台北故宫博物院)　图 2-28 清雍正青花缠枝花蕉叶纹瓶(北京故宫博物院)　图 2-29 清雍正青花龙穿花纹大瓶(北京故宫博物院)

六、缠枝百花纹

清代，缠枝花卉纹经过工匠们的再设计和再创造，出现了许多花卉纹的集合，并不仅仅是一种花卉，而是牡丹、芍药、莲花、百合、菊花、萱草等多样花卉的组合体。缠枝百花纹在清代工艺美术作品中时常出现，与缠枝四季花卉纹类似，但是花卉种类明显增加。雍正时期，瓷器上缠枝百花纹装饰大量出现，例如，清雍正斗彩缠枝花卉纹玉壶春瓶（图 2-30）上描绘的缠枝繁花纹除了口沿部分，几乎布满整个整个瓶身。仔细辨认，可以看出牡丹、芍药等花卉，叶片也有多种叶片形式组合，仿佛描绘的是一个百花盛开的春天花园。清雍正斗彩缠枝莲纹圆盒（图 2-31）、清雍正斗彩缠枝花纹三足洗（图 2-32），装饰纹样满密，花卉色彩纷呈，枝叶碧绿，一派欣欣向荣的景象。

① 万剑.中国瓷器缠枝纹装饰艺术史［M］.武汉：武汉大学出版社,2019:219.

图 2-30　清雍正斗彩缠枝花卉 纹玉壶春瓶(中国国家博物馆)　　图 2-31　清雍正斗彩缠枝莲纹 圆盒(北京故宫博物院)　　图 2-32　清雍正斗彩缠枝花纹 三足洗(北京故宫博物院)

七、缠枝葡萄纹

　　葡萄本非本土植物，由西域传来。东汉时，我国已经在石雕、铜镜上熟练运用葡萄纹进行装饰。到了唐代，葡萄纹在工艺美术领域里已普遍流行，例如唐代的葡萄纹铜镜装饰非常丰富，精致美观。这些铜镜上的葡萄纹纹饰骨骼有较多采用缠枝纹形式。明清两代，瓷器上常常用葡萄纹进行装饰，嘉靖年间，徐渭在《墨葡萄图》中提诗："半生落魄已成翁，独立书斋啸晚风。笔底明珠无处卖，闲抛闲掷野藤中。"徐渭以葡萄果实比喻自己的文章才华，与明代岳正把葡萄果实比作君子之才是一致的。葡萄蔓延的枝条和丰硕的果实象征着"富贵长寿"，缠绕的"福寿葡萄"纹表现了清代人们"多福、多寿、多子"的愿望，从这个意义上来说，葡萄并非仅仅是文人清高、君子行为的一种比拟，更多的是一种美好祝福。从葡萄的植物属性来说，其藤蔓就是缠枝纹的来源之一，因此葡萄的这种缠绕属性也是吉祥装饰的意义所在。北京故宫博物院收藏的清康熙斗彩松鼠葡萄纹大碗（图 2-33），外壁满饰葡萄纹，叶片碧绿，果实有黄、红、青，松鼠在藤蔓间跳跃，画面充满生命力。清嘉庆青花缠枝葡萄纹碗（图 2-34），青花青翠艳丽，纹饰饱满生动，描绘叶片的青花浓密、浅淡交错，葡萄果实明暗阴影之感明显。碗的外壁葡萄蔓枝茎叶缠绕，葡萄硕果累累，一派丰收景象。清光绪青花松鼠葡萄纹碗（图 2-35）为光绪官窑仿清初康熙官窑的佳作，青花苍翠，枝繁叶茂，松鼠在葡萄藤蔓间穿梭跳跃，甚是生动。

图2-33　清康熙斗彩松鼠葡萄纹大碗(北京故宫博物院)

图2-34　清嘉庆青花缠枝葡萄纹碗(北京故宫博物院)

图2-35　清光绪青花松鼠葡萄纹碗(北京故宫博物院)

八、缠枝葫芦纹

葫芦，自古以来就是吉祥器物。中国古代的许多"创世神话"都与葫芦有关，多个民族都有关于葫芦的传说。《诗经·大雅》："绵绵瓜瓞，民之初生。"[①]葫芦多籽，有祈生的意义，常用来象征子孙繁荣。葫芦是道家法宝"暗八仙"之一，能炼丹制药，普度众生，有祈求平安之意。葫芦形本身就是我国传统的典型吉祥符号，具有丰富的吉祥文化内涵，各种葫芦纹被广泛应用到工艺美术产品中，有的单独成像，有的与其他纹样组合，有"万代长生""盘长葫芦""符剑葫芦""寿字葫芦""福字葫芦"等主题，广为流传。

清代瓷器的葫芦装饰较为常见，例如北京故宫博物院的清康熙青花缠枝蝙蝠葫芦纹长颈瓶(图2-36)，采用青花装饰，腹部为缠枝葫芦纹，代表"福气"的蝙蝠穿梭在缠枝枝叶中，寓意着福气绵远。中国国家博物馆的清雍正青花缠枝葫芦飞蝠纹橄榄瓶(图2-37)，通体青花纹饰，鼓起的腹部绘制缠枝葫芦纹及飞蝠纹，葫芦和叶片体形较大，枝蔓较细相互缠绕，其间穿插着蝙蝠，具有浓郁的田园生活气息。北京故宫博物院清乾隆天蓝地轧道粉彩暗八仙云鹤图篆字笔筒(图2-38)是非常典型的葫芦缠枝纹。该笔筒为蓝色，上有葫芦、云彩、仙鹤等装饰，上段的葫芦上书写着"万年""甲子"及十天干，下段为十二地支，旋转之后形成新的组合。一甲子六十年，也称"甲子笔筒"。

图2-36　清康熙青花缠枝蝙蝠葫芦纹长颈瓶(北京故宫博物院)

图2-37　清雍正青花缠枝葫芦飞蝠纹橄榄瓶(中国国家博物馆)

① 王秀梅.诗经译注[M].北京:中华书局,2015:587.

还有一种直接以葫芦为瓷器造型，并用葫芦纹样装饰瓷器葫芦瓶，这是一种不多见的巧妙构思。例如，上海博物馆的清嘉庆红彩描金缠枝葫芦纹葫芦式壁瓶（图2-39），采用葫芦造型，装饰纹样以葫芦、葫芦叶、葫芦藤为题材，采用散点排列的方法，布满整个被装饰物表面，纹样写实，花、果、叶布局匀称，装饰感强烈。

图 2-38　清乾隆天蓝地轧道粉彩暗八仙云鹤图篆字笔筒(北京故宫博物院)

图 2-39　清嘉庆红彩描金缠枝葫芦纹葫芦式壁瓶(上海博物馆)

九、缠枝宝相纹

宝相花纹，又称宝仙花、宝花。一般以某种花卉（如牡丹、莲花）为主体，形态上穿插不同植物造型要素，重新组合构成新的形态，构图严谨，富有规律。从花型来说，既有盛开的花朵，也有含苞的花蕾、排列有序的叶片，因不同形态的花、叶可以进行各种搭配，形成了千变万化的装饰效果。北宋李诫《营造法式》、北宋初陶毂所撰《清异录》均有记录这种人造美丽之花的评论。当然，也有一些专家认为，宝相花纹与佛教传说中的"神鸟——好音鸟"有关。[①]宝相花的花卉形态具有强烈的形式美感，表现出了浓郁的中国传统民族韵味，象征着吉祥富贵、幸福圆满。

隋唐时期，宝相花极其盛行，各类工艺美术品上均有迹可循。元明清时期亦多以之为装饰题材，尤其在清代画珐琅上经常作为一种主要的花卉母题进行装饰。下面，以清雍正时期的瓷器来探讨清代宝相花装饰艺术特点，北京保利2013年秋季艺术品拍卖会上的瓷器，清雍正青花宝相花三多八宝折沿大盘（图2-40），青花纹饰清晰，毫无晕散，质量上乘。大盘内口沿饰一周海水纹，内壁绘缠枝莲托八吉祥纹，盘心为一朵八瓣宝相花，每一个瓣尖分别对应一朵外围的缠枝莲花，枝叶缠绕卷曲，描绘细腻精致。盘外壁绘六朵折枝花果，分别为莲花、葵花、梅花和桃、石榴、枇杷，寓意花

①　樊文江.美术辞林[M].西安:陕西人民美术出版社,1989:73.

开四时，年年丰收。北京保利 2016 年春季拍卖会上的瓷器，清雍正斗彩宝相花纹盘（图 2-41），盘内中心有双圈，内绘适合纹样七瓣宝相花纹，花卉中心花瓣层层叠叠，色彩丰富，与瓷器胎体的细腻白皙形成对比，十分精细雅致。北京故宫博物院的清雍正斗彩缠枝宝相花纹碗（图 2-42），碗腹部外壁装饰二方连续缠枝宝相花纹，色彩丰富，花卉鲜艳，枝叶柔嫩，十分雅致。清道光时期有类似装饰风格的碗，例如清道光斗彩宝相花纹碗（图 2-43）。

图 2-40　清雍正青花宝相花三多八宝折沿大盘（2013 年北京保利国际拍卖有限公司秋季拍卖会）

图 2-41　清雍正斗彩宝相花纹盘（2016 年北京保利国际拍卖有限公司春季拍卖会）

图 2-42　清雍正斗彩缠枝宝相花纹碗（北京故宫博物院）

图 2-43　清道光斗彩宝相花纹碗（北京故宫博物院）

第二节　清代瓷器缠枝莲花纹

清代作为吉祥文化高度发展的时期，缠枝莲花纹是寓意吉祥的传统装饰纹样。清代康熙、雍正、乾隆时期，瓷器缠枝莲花纹作为官样图案表现极为丰富，甚得清宫喜爱。由于传统莲花纹在发展的过程中，形态上已经分成多种表现形态。从广义上来说，清代瓷器莲花纹应包含西番莲纹，数量庞大，形态多样，千姿百态，纷繁复杂。此节内容以传统缠枝莲花纹为主。

中 国 瓷 器 缠 枝 纹 装 饰

一、清代瓷器缠枝莲花纹之花形

　　清代，大部分缠枝莲花纹沿袭前朝传统，纹样形态端庄稳重，装饰特征明显（表一）。也有一部分莲花纹通过枝、叶缠绕变化进行了各种组合。缠枝莲花、缠枝牡丹、缠枝宝相花与各种洋花、杂花、瓜果、草叶等组合在一起，形成满密的装饰花卉纹样，生机勃勃，富有情趣。从表现形式来说，有的是四方连续，有的是二方连续，有的莲花纹花瓣层层叠叠，非常有规律，显得端庄严肃，与环绕、扭动的枝叶形成强烈的对比。有的完全沿袭传统，和传统莲荷纹保持一致，花冠呈放射状，花瓣肥厚，以花心为中心聚拢，但花大叶小，茎叶相对柔软略细，对比强烈，但整体上又呈现了二方连续的运动状态，显得严肃又活泼。有的在团花里面做主纹，花瓣向四周舒展，莲花的特征已经不是特别明显了，有的单个花瓣会分裂出几个小花瓣，还有的花卉中间又会长出一朵莲花纹，层层叠叠，显得非常纷繁复杂。

表一　莲花纹花形

序号	瓷器图形	莲花纹的花形
1		
	清康熙洒蓝釉地描金缠枝莲纹棒槌瓶（中国国家博物馆）	
2		
	清雍正青花缠枝花卉纹缸（中国国家博物馆）	
3		
	清乾隆粉彩莲花蟠龙纹贲巴瓶（上海博物馆）	

序号	瓷器图形	莲花纹的花形
4	清乾隆青花缠枝莲纹贯耳扁瓶（中国国家博物馆）	
5	清乾隆粉彩花卉纹螭耳瓶（中国国家博物馆）	
6	清乾隆斗彩团花纹缸（中国国家博物馆）	
7	清乾隆粉彩镂空夔龙纹转心瓶（中国国家博物馆）	

续表一

序号	瓷器图形	莲花纹的花形
8		
	清嘉庆粉彩凤穿花纹双联瓶（中国国家博物馆）	
9		
	清嘉庆紫地粉彩番莲纹镂空盘（中国国家博物馆）	
10		
	清道光天蓝釉地描金彩缠枝莲纹三孔葫芦瓶（中国国家博物馆）	

二、清代瓷器缠枝莲花纹之花冠

　　清代瓷器缠枝莲花纹的花冠,形态端庄,轮廓清晰,大部分以左右对称形式构图(表二)。康熙时期,大部分缠枝莲花花冠沿袭传统,显得规整严肃。到了乾隆时期,莲花花冠形态各异,描绘细致,有的对花瓣进行了简洁化处理,有的对花瓣增加了数量,有的明显加入了其他花瓣的形态元素,既有莲花的特征,又带有石榴花、牡丹花甚至叶片、枝蔓的特征,体现了多元的艺术特征。乾隆之后,缠枝莲花纹花冠形态继续融合多种花卉植物的形态,既有繁缛的装饰特征,又表现出了机械化呆板的一面。从各个时期具体的形态来说,有的莲花花冠为俯视形态,花瓣以花心为中心有规律地层叠向四周呈发射状态,有积极的扩张力度感。有的莲花花冠采用传统的写实画法,侧重描绘花瓣、花心的关系,从具体形态来说与荷花的花瓣、蓬头形态一致。有的花冠由花瓣、花叶、藤蔓共同变形组合而成,花瓣为主要表现内容,前端呈浪花形,显得柔美妖娆。叶片和藤蔓前端为尖尖的形态,整体跟随花瓣起伏,形成一体,呈现强烈的装饰美感和异域风情。

表二　莲花纹花冠

序号	瓷器图形	莲花纹的花冠	说明
1			清康熙洒蓝釉地描金缠枝莲纹棒槌瓶局部（中国国家博物馆）
2			清乾隆青花缠枝莲纹贯耳扁瓶局部（中国国家博物馆）
3			清乾隆瓷胎洋彩白地番莲纸槌瓶局部（台北故宫博物院）
4			清乾隆斗彩团花纹缸局部（中国国家博物馆）
5			清乾隆斗彩团花纹缸局部（中国国家博物馆）
6			清乾隆粉彩镂空夔龙纹转心瓶局部（中国国家博物馆）

续表二

序号	瓷器图形	莲花纹的花冠	说明
7			清乾隆粉彩镂空夔龙纹转心瓶局部（中国国家博物馆）
8			清嘉庆粉彩凤穿花纹双联瓶局部（中国国家博物馆）
9			清嘉庆紫地粉彩番莲纹镂空盘局部（中国国家博物馆）
10			清道光天蓝釉地描金彩缠枝莲纹三孔葫芦瓶局部（中国国家博物馆）

第三节　清代瓷器缠枝西番莲纹

　　清代的莲花纹样表现形式多样，色彩缤纷。实际上，到了清代这样一个文化交融的时代，很难将莲花纹样进行细致的分类，在这里将西番莲纹中具有"勾莲"特征的装饰作为单独的内容，是想更清晰地说明问题。此时清代的西番莲纹，既传承了明代传统，又受"西洋风"影响带有"西洋味"。清代的官窑画师、民窑画匠，逐步将西番纹装饰进行不断演化，淋漓尽致地表达了内心之感悟。清宫统治者非常关注西番莲纹，例如沈阳故宫就有收藏乾隆皇帝御制"西番莲赋"刻石。从数量上来说，清代瓷器缠枝西番莲纹的数量远超传统莲花纹，主要原因应是西番莲纹已经成为官样图案。作为官样图案，往往其装饰形态和模式是固定的，且民间亦会大量模仿。

一、清代瓷器缠枝西番莲纹之花形

清代莲花纹应用广泛。从形态上来说，大部分莲花花冠呈对称状，有的采取 勾线平涂填色，有的勾线后晕染层次，有的在勾线边缘留白，有的花瓣留白，总体来 看，比较严谨。也有部分莲花纹的花瓣造型从别的花卉处吸收了外形，穿插在莲花花 瓣丛中，但是从花冠看，仍然具备莲花纹的特征。清代的莲花纹龙、凤、瑞兽或者暗八仙、八宝、文字及其他吉祥纹样形成了多种新型装饰组合，例如龙穿莲花、凤穿莲花、缠枝莲托八宝、缠枝莲托梵文等。瓷器的几乎所有造型均会出现缠枝莲花纹的装饰，而这些缠枝莲花纹会始终围绕着器型做骨骼、枝叶的调整。

表三　西番莲纹花形

序号	瓷器图形	莲花纹的花形
1		
	清康熙仿成化款青花缠枝莲纹罐（北京故宫博物院）	
2		
	清乾隆青花缠枝莲纹花觚（中国国家博物馆）	
3		
	清乾隆青花缠枝莲托八宝纹铺耳尊（中国国家博物馆）	

续表三

序号	瓷器图形	莲花纹的花形
4		
	清乾隆 80 青花缠枝莲纹鸠耳尊（中国国家博物馆）	
5		
	清乾隆黄地粉彩番莲八吉祥纹藏草瓶（中国国家博物馆）	
6		
	清雍正青花缠枝花卉纹如意尊（中国国家博物馆）	
7		
	清雍正斗彩团花纹天球瓶（中国国家博物馆）	
8		
	清嘉庆"退思堂"款斗彩番莲纹碗（上海博物馆）	

续表三

序号	瓷器图形	莲花纹的花形
9		
	清同治青花缠枝莲花纹盘（上海博物馆）	
10		
	清光绪番莲纹葵口花盆（上海博物馆）	

二、清代瓷器缠枝西番莲纹之花冠

　　整体来说，清代瓷器缠枝西番莲纹花冠呈对称状，结构严谨，画风细腻（表四）。大部分的花冠以花心为中心，花瓣向四周呈现发射状。花心处有的为莲蓬，有的为圆珠，有的为寿字，有的为小莲花，细节处各不相同。大部分花瓣为尖头、勾状曲线，也有小部分花瓣为圆头状、云纹状曲线，与细长的叶片共同组成花冠。从形态细节来说，康熙时期的花瓣数量要少于乾隆时期，乾隆时期的花瓣相对要多一些，密集一些。清代，彩瓷技术高度发展，青花、釉里红、斗彩、五彩、粉彩等为缠枝西番莲纹增添了无限的色彩，表达了对美好生活的向往。

表四　西番莲纹花冠

序号	瓷器图形	西番莲纹的花冠	说明
1			清雍正青花缠枝花卉纹如意尊局部（中国国家博物馆）

续表四

序号	瓷器图形	莲花纹的花冠	说明
2			清雍正青花缠枝花卉纹缸局部 （中国国家博物馆）
3			清雍正斗彩团花纹天球瓶局部 （中国国家博物馆）
4			嘉庆款绿地粉彩缠枝莲纹六方笔筒局部 （北京故宫博物院）
5			清乾隆青花缠枝莲纹花觚局部 （中国国家博物馆）
6			清乾隆青花缠枝莲托八宝纹铺耳尊局部 （中国国家博物馆）
7			清乾隆青花缠枝莲托八宝纹铺耳尊局部 （中国国家博物馆）

续表四

序号	瓷器图形	莲花纹的花冠	说明
8			清乾隆青花缠枝莲纹鸠耳尊局部（中国国家博物馆）
9			清乾隆青花缠枝莲纹鸠耳尊局部（中国国家博物馆）
10			清乾隆粉彩花卉纹螭耳瓶局部（中国国家博物馆）
11			清乾隆粉彩花卉纹螭耳瓶局部（中国国家博物馆）
12			清乾隆黄地粉彩番莲八吉祥纹藏草瓶局部（中国国家博物馆）

第四节　清代瓷器缠枝牡丹纹

牡丹纹，是清代瓷器的常用装饰。与元明相比，清代牡丹纹图案型装饰程式化减弱许多，二方连续、四方连续、适合纹样骨骼形式的牡丹纹较少，出现了大量的瓷器写生花卉。写生花卉采用中国画写意方式在瓷器上进行装饰。清代瓷器牡丹纹的主要特征是相对"写实"，花叶的每一个细节按照实际来描绘。青花牡丹是常态，但非主流，主要是艳丽的粉彩和珐琅彩成为牡丹的常用装饰技法。牡丹花鸟比较常见，但牡丹与其他植物花卉的组合相比前朝减少许多。雍正牡丹瓷成就最高，笔触细腻，仿若中国画。乾隆牡丹瓷采用艳丽的色彩，大红大紫，构图繁复，堆砌比较多。变形牡丹宝相花纹组合也较多。由于技术精进，出现了镂空牡丹、琢器牡丹等陶瓷新品种，这是创新之举。嘉庆之后，虽沿袭乾隆之华丽装饰风格，以写实牡丹为主，但不精细，色彩飘浮、艳俗，有敷衍之势。

一、清代瓷器缠枝牡丹纹之花形

清代，瓷器牡丹纹表现形式多样，有单独纹样、二方连续、四方连续，也有与其他纹样共同组合成团花或者锦地图案（表五）。组合纹样往往是牡丹纹与龙凤、花鸟、树木、山石等共同组合而成。雍正时期，牡丹纹的表现载体有青花、釉里红、珐琅彩等，其中有一款青花缠枝牡丹纹碗得到大量烧制，而嘉庆时期宫廷也烧制类似装饰体系的碗，这应属于牡丹纹装饰官样体系。雍正时期，牡丹纹往往以组合纹样出现，这种类型常采用粉彩、五彩之类表现技法，尤其以雍正朝居多。乾隆时期，瓷器牡丹纹表现载体有粉彩、珐琅彩，珐琅彩数量较大。牡丹纹常和其他纹样组成，繁花似锦，且此时大部分牡丹花带有"洋花"性质，融合了多种植物花卉的特征。总体来说，缠枝牡丹纹的程式化特征明显。

表五　牡丹纹花形

序号	瓷器图形	牡丹纹的花形
1		
	清康熙釉里红团花纹苹果尊（中国国家博物馆）	

续表五

序号	瓷器图形	牡丹纹的花形
2		
	清康熙青花缠枝牡丹纹碗（北京故宫博物院）	
3		
	清康熙青花缠枝牡丹纹碗（北京故宫博物院）	
4		
	清康熙蓝地珐琅彩牡丹纹碗（北京故宫博物院）	
5		
	清乾隆青釉镂空套瓶（北京故宫博物院）	
6		
	清嘉庆青花缠枝牡丹纹碗（北京故宫博物院）	

二、清代瓷器缠枝牡丹纹之花冠

清代，瓷器牡丹纹花冠色彩艳丽，形态娇艳。雍正时期，缠枝牡丹纹较少，部分瓷器用粉彩来绘制牡丹，和其他植物、花卉、山石的组合较多。康熙时期，瓷器缠枝纹牡丹花冠比较严谨，大多呈对称形态，色彩采用晕染较多，显得端庄厚实。官窑烧制专供宫廷的缠枝牡丹纹瓷碗上的花冠刻画细腻，形态生动、釉料厚实，实乃精品之作。康熙时期的青花缠枝牡丹纹的数量较多，大多花冠的模式较为统一，部分青花牡丹花冠的花瓣有变形，显得更加圆润柔和。雍正时期，牡丹装饰题材减少，尤其以缠

中国瓷器缠枝纹装饰

枝纹形态出现的牡丹纹数量不多。从花冠来看，对称状的逐渐减少，偶见对称状，也显得随意轻松。乾隆时期，牡丹花冠装饰融入了异国风情，有洋莲、洋菊的形态特征融入其中，甚至还有点状縻饰。花瓣、花蕊采用层层晕染，白色染料的娴熟运用使得花冠层次分明，色彩纷呈。此时的牡丹纹花卉体现了这个时代的自由、开放、包容。到清中后期，牡丹花冠采用写意描绘的形式较多，总体上随意性增大，且数量不断减少。当然，官窑依然烧制常用的青花缠枝牡丹纹碗、盘、罐等实用器皿。

表六　牡丹纹花冠

序号	瓷器图形	牡丹纹的花冠	说明
1			清康熙黄地珐琅彩牡丹碗局部 （中国国家博物馆）
2			清康熙蓝地珐琅彩牡丹纹碗局部 （北京故宫博物院）
3			清康熙画珐琅缠枝莲纹葵瓣式盒局部 （北京故宫博物院）
4			清康熙画珐琅缠枝莲纹葵瓣式盒局部 （北京故宫博物院）
5			清康熙青花牡丹纹执壶局部 （北京故宫博物院）
6			清雍正斗彩缠枝牡丹双凤纹梅瓶局部 （北京故宫博物院）

续表六

序号	瓷器图形	牡丹纹花冠	说明
7			清乾隆画珐琅开光山水人物图盖碗局部 （北京故宫博物院）
8			清乾隆画珐琅锦袱纹盖尊局部 （北京故宫博物院）
9			清乾隆画珐琅锦袱纹盖尊局部 （北京故宫博物院）
10			清嘉庆粉彩凤穿牡丹纹双耳瓶局部 （北京故宫博物院）
11			清嘉庆青花釉里红双凤纹兽耳尊局部 （北京故宫博物院）
12			清宣统粉彩花蝶纹玉壶春瓶局部 （北京故宫博物院）

Chapter III >>

第三章　清代瓷器缠枝纹装饰艺术风格

> **清**代，瓷器艺术辉煌灿烂。在清代御窑制度下，统治阶级审美情趣主导了瓷器装饰艺术风格。这些瓷器艺术不仅体现了清宫的审美情趣，也暗含了当时整个社会的审美文化观念。清代瓷器艺术繁缛纤巧，讲究仿古仿生，装饰纹样的象征寓意进一步加强，且世俗化程度进一步提高。在外来巴洛克、洛可可装饰艺术的影响下，清代瓷器缠枝纹装饰呈现出繁缛、富丽的装饰风格。清代中期以后纹样由传统的古朴，走向了中西结合或西洋化，明显体现出洛可可所具有的堆饰、重叠和不规则的艺术风格。

第一节　仿古创新，意必吉祥

　　清代康熙、雍正、乾隆三朝的景德镇瓷业进入了制瓷历史高峰。从留存至今的瓷器来看，仿古瓷、仿生瓷、创新瓷等层出不穷。这与三朝皇帝特别关注御窑器物的烧造有极大关系。雍正帝、乾隆帝通过清宫造办处亲自授意瓷器的官样设计，亲自指挥瓷器的仿古创新设计，在技术上不断创新精进，追求开发各种新品种。乾隆帝本人精于古物鉴赏，嗜古成瘾，从某种意义上来说，这是不断推动各类仿古创新瓷发展的重要因素。乾隆一朝的瓷器造型已达登峰造极之势，无论大器小器，均不惜工本，精益求精。烧造各类仿古瓷器这种习惯，延续至嘉庆、道光、咸丰期间。从装饰纹样来看，雍正帝喜欢典雅疏美，乾隆更在乎稠密华美，但无论如何变化，缠枝纹始终作为瓷器装饰不可或缺的部分，依然是吉祥文化最忠实的"粉丝"，这延续强化了明代装饰纹样图必有意、意必吉祥的装饰目的与意义。

一、仿古创新

　　众所周知，清代瓷器的仿古创新成就举世瞩目。清刘廷玑的《在园杂志》中写道：

"仿古暗合，与真无二，其摹成、宣，黝水颜色，橘皮棕眼，款字酷肖，极难辨别。"①
这一段文字说明了康熙郎窑瓷的特点，即模仿明代宣德、成化器，已达到了乱真的地
步。康熙时期的郎窑红、豇豆红、珐琅彩、粉彩、青花五彩等创新风格别开生面。雍
正时期以仿制各种古代高低温颜色釉为技术高峰，特别是仿宋代五大名窑成就突出。
乾隆时期，大力创新了瓷器的造型结构，可谓是精妙绝伦、鬼斧神工，夸张一点可称
得上"前无古人，后无来者"。因在本书的第一章中已经详细介绍了各种仿古瓷、创
新瓷，在这里就不再赘述。此处专门来探讨清代仿明代瓷器的缠枝纹装饰，最典型的
案例是仿宣德瓷器上的缠枝纹装饰。

现收藏于北京故宫博物院的清康熙仿宣德款青花八吉祥纹合碗（图3-1），釉色莹
润醇厚，通体绘制青花，口沿内外皆绘青花双线一周，腹部主体纹饰为青花缠枝莲托
八吉祥纹样，下腹部有两道凸起的装饰弦纹，弦纹下折腰处另添连枝花卉，简约典雅。
此碗上的青花妍丽，浓淡不一，笔触细腻，描绘了番莲纹舒展之姿。缠枝纹细笔层叠
点染，线条连绵不断，显得生机勃勃。此类缠枝莲托八吉祥纹饰始见于永乐朝，宣窑
以继之，是经典纹样，流传至清代经久不衰。八吉祥、仰覆莲花纹已然成为了清代瓷
器装饰艺术的重要题材。

现收藏于北京故宫博物院的清康熙仿成化款青花缠枝莲纹罐（图3-2），胎体较为
厚重，白釉微微泛有青色，器表装饰青花，青白对比非常强烈。颈部为二方连续小朵
花纹，肩部有非常细长的二方连续卷草纹装饰。腹部装饰有大朵的缠枝莲花纹，共有
四朵，枝干上绘制有八个变形莲叶纹。色彩有浓淡之分，花型端正，枝叶舒展，绘制
笔触较为流畅，观之有酣畅淋漓之感。这种"四花八叶"的纹样模仿自成化青花的装
饰风格。

图 3-1　清康熙仿宣德款青花八吉祥纹合碗
（北京故宫博物院）

图 3-2　清康熙仿成化款青花缠枝莲纹罐
（北京故宫博物院）

① 熊廖.中国陶瓷古籍集成:注释本[M].南昌:江西科学技术出版社,1999:88

中国瓷器缠枝纹装饰

图3-3 清雍正仿宣德款青花花鸟海水纹大盘（北京故宫博物院）

现收藏于北京故宫博物院的清雍正仿宣德款青花花鸟海水纹大盘（图3-3），盘心描绘双鸟在折枝花卉中对视的纹样，栀子花枝叶疏朗，花朵错落。两只雀鸟于花丛中上下顾盼相语。花卉下部有两枝丛竹，颇有情趣。中心花卉四周一圈有弦纹勾廓，其外描绘二方连续缠枝莲花纹一周。相同纹饰的大盘外壁多为缠枝莲纹饰，而这件外壁为海水纹的却极为少见。青花发色沉着纯正，纹样舒朗典雅，釉面均亮，可与永乐、宣德瓷器相提并论。

二、意必吉祥

清代缠枝纹，图必有意，意必吉祥。乾隆时期，纹样的象征寓意进一步加强，从上层统治阶级至普通百姓始终追求"吉祥"，在这种情况下，所有物象装饰一定以"象征"为重要目的。清代，在瓷器装饰艺术方面追随着明代的脚步，纹样的象征寓意进一步加强。"图必有意，意必吉祥"得到了充分的酝酿和发酵。《庄子·人间世》："虚室生白，吉祥止止。"[1]唐成玄英《庄子·注疏》曰："吉者，福善之事；祥者，嘉庆之征。"[2]南宋朱熹："比者，以彼物比此物也。"[3]《礼记·乐记》曰："是故君子反情以和其志，比类以成其行。"[4]清代缠枝纹以象征、寓意、比拟、表号、谐音、文字等种种手法来表达向往美好生活的观念，瓷器装饰的缠枝纹母题以花卉为核心，运用各种花草果木的形态、色彩、功用等特点，用来寄托或者表达某种思想情感。缠枝纹装饰根据某些花果草木的生态、形态、色彩、功用等方面的特点，以表现某种思想含义。例如牡丹寓意富贵荣华，莲花象征冰清玉洁，石榴寓意多子多孙，葫芦寓意长寿吉祥，灵芝形似如意，寓意强身健体，如意吉祥。文人雅士之爱"梅、兰、竹、菊""四君子"成了百姓大众对待自然万物的一种态度。

清宫大婚用瓷是非常典型的吉祥装饰代表，采用寓意、象征、谐音的方式，将"图必有意，意必吉祥"发挥到了极致。从古至今，结婚器物的吉祥装饰是必备题材，这对封建统治阶级来说尤为重要。清宫大婚瓷器的主要装饰题材有各种植物、动物（多为昆虫）和文字等。植物图案有兰花、水仙、竹子、梅花等，布局错落有致，风

① 陈鼓应.庄子今注今译[M].北京:中华书局,1983:117.
② 郑欲晓,胡小兵.论中国民间艺术形式对陶瓷艺术的启示[J].中国陶瓷,2008(11):81-82.
③ [宋]朱熹,王华宝.诗集传[M].南京:凤凰出版社,2007:5.
④ 干春松."感"与人类共识的形成——儒家天下观视野下的"人类理解论"[J].哲学研究,2018(12):50-59.

格婉约清丽。"四时不谢之兰，百节长青之竹"，梅、兰、竹、菊这些传统题材，在大婚瓷器中起到的作用是象征着爱情之永恒。锦上添花，必定是十分受欢迎的一种装饰，这是一种立体多层次的装饰，图案精密，绘制精细，一般来说，底纹布满器物全身，很少留白，有万花堆叠献瑞的效果。动物纹样主要有云龙、蝙蝠、百蝶、喜鹊等，大多通过与其他类别的图案组合以谐音寓意吉祥。盛开的梅花，枝头落满喜鹊，是"喜上眉（梅）梢"。漫天飞舞的红色蝙蝠，寓意"洪福（蝠）齐天"。蝙蝠与描金团寿字组合，形成图文结合"五福（蝠）捧寿"。"绵绵瓜瓞"，瓷器上装饰的蝴蝶与癞瓜组合，寓意多生贵子。文字类图案有"万""寿""喜""福""禄"等字，也有一些代表吉祥寓意的词组、词语。瓷器的表面装饰可以采用开光技法，开光内可以书写文字，例如"万""寿""无""疆"，空白处则绘制其他吉祥寓意的图案进行组合。不管是大婚用瓷，还是其他根据不同目的烧造的瓷器，这些吉祥装饰图案我们可以按照不同的表达方式分为以下类型。

（一）吉祥文字型

吉祥文字直接在瓷器表面装饰，这是一种最直白而清晰的表达方式。有些瓷器为纯文字型，有些为图文结合型。现收藏于北京故宫博物院的清康熙青花寿字盘（图 3-4）是典型的图文结合型。盘中间为"寿"字，被如意云头纹紧密围绕，外圈为八个"寿"字纹，被缠枝莲花纹环绕，盘外沿描绘一圈如意云头纹。盘子的外壁为三个寿字间隔折枝莲花纹。该盘的装饰就是"寿"字、如意云纹、莲花纹的组合，祈祷长寿，祈福万事如意。

图 3-4　清康熙青花寿字盘
（北京故宫博物院）

（二）谐音寓意型

谐音，是汉语特有的一种现象，同音不同义，隐喻着美好的祝福和希冀。例如蝙蝠的"蝠"谐音"福"，寓意福到，这让蝙蝠在清代瓷器装饰中成为最常见的吉祥装饰物。不同的吉祥花卉植物和蝙蝠的组合装饰形成更丰富的含义。例如北京故宫博物院的清嘉庆绿地粉彩缠枝莲蝠蝶纹扁瓶（图3-5），瓶身呈绿色底，瓶的颈部、腹部均装饰有金线勾勒的各色蝙蝠、蝴蝶、缠枝莲纹、灵芝纹、果实纹的组合，显得贵气又活泼，寓意着福气绵延，万事如意。

图 3-5　清嘉庆绿地粉彩缠枝莲蝠蝶纹扁瓶（北京故宫博物院）

（三）借物托情型

动植物本身就有自然属性，借物托情是要根据动植物的属性来表达人类的吉祥寓意。例如水鸟鸳鸯，自然习性为成双成对、形影不离，可用来形容夫妻情深，百年好合。再如梅花有五个花瓣，用来表达"五福临门"（图3-6、图3-7）。葡萄喻多子，松鹤喻长寿，竹菊喻气节。蝴蝶与癞瓜则寓意着"绵绵瓜瓞"，有多生贵子之义。瓜果多子，《诗经·大雅》记有："绵绵瓜瓞，民之初生。"人们多用"瓜瓞绵绵"的纹样来寓意多子多孙，家族兴旺。例如上海博物馆收藏的清雍正青花缠枝莲纹盘（图3-8），盘中心绘制枝叶丰茂的成熟瓜果纹样，盘壁绘制了百花缠枝纹，盘沿为海水波涛纹，一派生机勃勃的景象，寓意着子孙繁盛、福气绵延。

图3-6　清雍正黄地珐琅彩诗文梅花纹碗(北京故宫博物院)　　图3-7　清乾隆瓷胎画珐琅四季花红地宫碗(台北故宫博物院)　　图3-8　清雍正青花缠枝莲纹盘(上海博物馆)

图3-9　清乾隆青花八仙过海图葫芦瓶（北京故宫博物院）

（四）神话故事型

清代瓷器装饰中有一类绘制的题材为传说故事、神话故事中的情节。人类总是向往未知的世界，有些故事中蕴含了美好吉祥的寓意，带给人们幸福生活的希望。例如，现收藏于北京故宫博物院的清乾隆青花八仙过海图葫芦瓶（图3-9），整体造型为葫芦，寓意"福禄"。瓶身装饰纹样满密，所绘纹样均带有美好的祝福和愿望。该瓶的上腹描绘吉祥云蝠纹，下腹描绘"八仙过海"，八仙身披彩霞，足踏祥云，从容漫步过海，这是神话故事的场景描绘，寓意"八仙祝福"。

（五）佛道之意型

在传统社会发展过程中，佛、道这些宗教思想衍生出来的各种吉祥纹样亦非常丰富。莲花纹、八宝纹，均是来源于佛教图案的吉祥纹饰，寓意平安、祥和。莲花纹和八宝纹组合生成了莲托八宝纹，此类纹样在清代的瓷器装饰中使用非常普遍，许多瓷器的碗、盘、罐之类器物上均有八宝莲花纹的装饰。例如北京故宫博物院的清康熙青花莲托八宝纹碗（图 3-10），碗的内外均用青花装饰，采用青花缠枝莲托八宝纹进行装饰，近足处绘制如意云头纹一圈。清雍正青花缠枝莲纹高足碗（图 3-11），外腹部也用青花缠枝莲托八宝纹进行装饰，莲花纹在下面，托起吉祥八宝纹，似乎这种装饰构图形式已经成为一种程式化的表达。

图 3-10　清康熙青花莲托八宝纹碗
（北京故宫博物院）

图 3-11　清雍正青花缠枝莲纹高足碗
（上海博物馆）

清代瓷器吉祥纹样内涵丰富、形式美观，历代积累并不断创新的吉祥图案在清代得到了广泛的包容和集成。大量的植物、动物、人物、几何纹样等各类组合出现在瓷器载体上，以极度丰富的表现形式展现并广泛传播。清代高超的制瓷技术为装饰图案的实现提供了现实的条件，这是历朝历代各种装饰纹样载体所难以企及之处。

第二节　繁缛精巧，华丽绚烂

从整体上来说，清代瓷器缠枝纹装饰繁缛细腻，色彩华丽绚烂，装饰技法多样，艺术语言表现力充分。在御窑制度下，清代历朝皇帝的审美情趣基本上主宰了瓷器缠枝纹的装饰艺术风格。这些清代瓷器缠枝纹结构纷繁复杂，技艺精雕细琢，风格繁丰绚烂，彰显出了我国古代瓷艺匠人精湛绝伦的技艺。

一、繁缛精巧

对于清代的工艺美术，历来有两种不同的评价，一说是"繁丰"，褒奖之词。一说是"匠气过重"，过度装饰，应是贬义。无论何种评价，清代瓷器的纹饰魅力给我们展示了一个繁丰、灿烂的清代艺术天地，让世界为其叹为观止。

清代的纹样，烦琐精致，追求满、细、多。"满"则是饰满器体，如陶瓷则有万花彩、万花堆、黑地满花、锦地花、锦上添花等表现繁多的装饰形式。上海博物馆收藏的清嘉庆景德镇窑粉彩百花纹杯（图3-12），植物花卉满密，各式花卉层层叠叠，色彩晕染，立体感强烈，展示了繁花似锦、一派美好的生活气息。锦地花，又称锦上添花，即在底层的满饰花纹之上，再饰以花朵，这种技法在乾隆时期应用最多。锦上添花，效果繁密，听其名称就已有了吉祥美好的意义。例如北京故宫博物院的清乾隆粉彩折枝花卉纹灯笼瓶（图3-13），形似灯笼，蓝色锦地上描绘了莲花、牡丹、月季等纹饰，层次丰富，疏密有致。"细"则是细致描绘各种装饰题材，无论远近，无论大小，都刻画得精致细腻。花卉花瓣中似乎有茸毛在随风摇动，花蕊的花粉似乎正在风中飘洒。此种装饰风格，自然是追求技术的结果，同时也是外来装饰文化影响的结果，例如法国路易宫廷装饰风格对瓷器的影响较为明显。北京故宫博物院收藏的清乾隆黄地粉彩莲花纹尊（图3-14），形体硕大，色彩华丽，外壁通体以黄釉为地，以粉彩描绘勾莲纹，莲花花冠较大，枝叶缠绕满密，富丽堂皇，奢华绮艳，寓意美满幸福。

图 3-12 清嘉庆景德镇窑粉彩百花纹杯(上海博物馆)　　图 3-13 清乾隆粉彩折枝花卉纹灯笼瓶(北京故宫博物院)　　图 3-14 清乾隆黄地粉彩莲花纹尊(北京故宫博物院)

二、华丽绚烂

清代，珐琅彩瓷缠枝纹装饰色彩华丽绚烂，鲜艳华美。人对色彩的感知是十分敏锐的，黑格尔曾说，"颜色感应该是艺术家所特有的一种品质，是他们特有的掌握色调和就色调构思的一种能力，所以也是再现的想象力和创造力的一个基本因素"[①]。清代珐琅彩是清代皇室自用瓷器中最具特色、最为精美的彩瓷之一，融汇中外美学，可代表一朝物阜民丰，盛世之景。珐琅材料既有外来，又有本土研造，这种鲜艳的彩料使中国色彩之美在瓷器上得到了淋漓尽致的发挥。从康熙的色浓庄重至雍正的清淡素雅，到乾隆时的精密繁复、华丽绚烂，这是中国彩瓷的装饰魅力。

---

① ［德］黑格尔.美学(第3卷)(上)[M].朱光潜，译.北京：商务印书馆,1979:282.

康熙珐琅彩瓷器中不乏华丽绚烂的案例。现收藏于北京故宫博物院清康熙黄地珐琅彩牡丹纹碗（图3-15），碗外施明黄釉为地，腹部均饰牡丹花卉纹，表现手法写实，笔到意到，绘画精美，色泽浓郁，牡丹盛开，花叶生姿，似有阵阵花香扑面而来。上海博物馆的清康熙珐琅彩缠枝月季纹碗（图3-16），碗外壁底色为蓝色，缠枝莲花纹的主花卉为橘黄色，二者对比强烈，色彩鲜明。该碗是康熙初创珐琅彩瓷时期，模仿铜胎画珐琅的效果绘制而成。清康熙瓷胎画珐琅宫粉地"群芳献瑞"图宫碗（图3-17），外壁通施宫粉色地，如脂如黛，桃色绯丽，四处圆形花卉开光，内饰轮花盛放，间绘菊花花瓣簇拥，朵朵绽放，枝蔓贯通，枝繁叶茂，别具新意。

图 3-15　清康熙黄地珐琅彩牡丹纹碗（北京故宫博物院）

图 3-16　清康熙珐琅彩缠枝月季纹碗（上海博物馆）

图 3-17　清康熙瓷胎画珐琅宫粉地"群芳献瑞"图宫碗（2022 年北京中汉拍卖有限公司秋季拍卖会）

乾隆珐琅彩瓷是清代康、雍、乾三代珐琅彩瓷中最为精美的巅峰之作，其用丰富多彩的色彩世界向我们证明了清代缠枝纹的绚丽多彩。从乾隆时期开始，西洋珐琅料及画珐琅技术的传入影响了中国的彩釉装饰风格，奠定了华丽装饰的新世纪。[①]乾隆时期珐琅技术成熟，可以随心所欲调出各种颜色，珐琅瓷器缠枝纹装饰色彩主要有各色深浅变化的红、黄、蓝、绿、粉、紫、灰等，金色光艳而灿烂，杏黄细腻处泛红，蓝色鲜艳似青金，胭脂色浓而透明，黑色浓处如墨色，各色竞相争艳、五彩缤纷。现收藏于北京故宫博物院的清乾隆胭脂红蓝地轧道珐琅彩折枝花纹合欢瓶（图3-18），瓶体为双联式，外壁在胭脂红、蓝地上装饰轧道工艺，并彩绘折枝花卉纹。乾隆时期新创的轧道工艺其实就是"锥

图 3-18　清乾隆胭脂红蓝地轧道珐琅彩折枝花纹合欢瓶（北京故宫博物院）

①　施静菲.日月光华:清宫画珐琅[M].台北:台北故宫博物院,2012:214.

中 国 瓷 器 缠 枝 纹 装 饰

图3-19　清乾隆红地珐琅彩缠枝花卉纹碗(深圳市聚合国际拍卖有限公司)

剔"工艺，是在珐琅彩色地上用铁锥划出细如毫芒、宛如凤尾状的花卉纹。这种装饰技法是模仿铜胎画珐琅的艺术效果，清宫内务府记事档中称此类创新纹饰为"锦上添花"。清乾隆红地珐琅彩缠枝花卉纹碗（图3-19），外壁以深红色珐琅彩料为底色，上有洋莲花缠枝花卉纹，此花既有传统莲花纹的基本特征，也有洋花花瓣的装饰组合，画工严谨细腻，明暗感强烈，趋于生动写实。

　　除珐琅彩外，乾隆时期的粉彩瓷器非常娇艳，华丽绚烂。除白地粉彩瓷以外，还衍生出许多色地开光、光内绘粉彩的纹饰，如蓝地描金开光、锦地开光、花卉开光、色地粉彩等。现收藏于北京故宫博物院的清乾隆绿地粉彩包袱式瓶（图3-20），所系包袱为红色，和瓶的绿地色形成鲜明的对比。包袱瓶也叫作布袋瓶，创烧于康熙年间，流行于乾隆和嘉庆时期。包袱乃瓷塑而成，但是仿佛如真的布料一样柔软。这种包袱瓶是清代瓷器中的特色，独树一帜。至于为何用包袱，自然是和吉祥寓意有关。包袱与"包福"谐音，把福气包裹起来，寓意也是送福到家，独特的风格也使其成了皇家的御用器物，尽显尊贵。上海博物馆的清乾隆景德镇窑粉彩佛供（锣）（图3-21）、清光绪黄地粉彩云龙纹豆（图3-22），造型端庄稳重，色彩艳丽缤纷，纹样工整细腻，体现了皇家器物的奢华。

图 3-20　清乾隆绿地粉彩包袱式瓶(北京故宫博物院)

图 3-21　清乾隆景德镇窑粉彩佛供之锣(上海博物馆)

图 3-22　清光绪黄地粉彩云龙纹豆(上海博物馆)

第三节 技术精湛，求新求变

清代，瓷器艺术辉煌灿烂，这种繁华的出现必然有技术的支持。康、雍、乾三朝制瓷技术水平达到顶峰，在清宫统治者们的殷切关注下，各种新、奇、巧的瓷器精品层出不穷。景德镇作为全国制瓷业中心，上供朝廷，下达民间，还有大量的产品外销，素三彩、五彩、珐琅彩、粉彩等都闻名中外。

一、技术精湛

技术，在我国古代又称作技巧、技能、技艺，《礼记》《后汉书·文苑传》《荀子·富国》《六韬·上贤》《管子》《云麓漫钞》等古籍中均有对技术的解释和理解。对清代瓷器来说，康熙、雍正、乾隆时期是制作技术和烧造技术的顶峰，这是古代陶瓷史上的最后一个黄金时代，这恰恰是清代愈加精湛的技术支持才得以实现的。对各种新、奇、巧的瓷器艺术追求，已经成了清宫统治者们的兴趣爱好所在，而此类瓷器创作有赖于技术的不断发展。

清代景德镇制瓷工艺的高峰，主要标志有五点：第一，烧瓷技术的重要技术指标是温度，清代烧瓷温度一般可达1300℃，高于明代，可以说达到了当代硬质瓷的烧成温度；第二，瓷胎的紧密性、坚硬度是制瓷技术的重要技术指标；第三，制作技术熟练，产品批量生产；第四，产品器形规整，装饰门类丰富，纹样相当精致；第五，与明代相比，外观质量和物理性能明显提升。正是这些技术指标的不断提升，才有了清代瓷器的大发展。

景德镇御窑厂烧制出了一批又一批精美绝伦的御窑瓷器，从这些瓷器里面，我们可以看出精湛的烧造技术。尤其是乾隆一朝，在督陶官唐英的亲自监制下，各类创新瓷器产品层出不穷，例如转心瓶、转颈瓶、转体瓶、交泰瓶等。自乾隆七年开始，瓷胎洋彩制品日益精细，讲究镂空、穿透、旋转、层层相套的奇巧造型，纹饰繁缛多样，制作工序复杂，极富挑战，被后世誉为鬼斧神工。[①]这些在唐英的奏折与《活计档》中均有记载。

（一）转心瓶

转心瓶，顾名思义即可以转动的瓶子，是清代创新制作的一种瓶式，也是中国陶

---

① 廖宝秀.华丽彩瓷：乾隆洋彩[M].台北：台北故宫博物院，2008：27.

瓷艺术的珍品。许之衡《饮流斋说瓷》中记载，"瓶之腹玲珑剔透，两面洞见而瓶内更有一瓶兼能转动，似美术雕之象牙球者，然若是者名曰转心，乃内府珍赏殊品也"[①]。该文还认为："《匋雅》名为套环转动之瓶，颇显名称烦赘，古物保存所则标其名曰转心，今从之。"[②]这种转动的瓶子分为转心瓶和转体瓶两种形式，内瓶可以转动的叫转心瓶，外瓶可以转动的就叫转体瓶。转心瓶是在一个镂孔（镂出图案）瓶内，套装一个可以转动的内瓶。内瓶上可以绘制各种纹样，四季景物、山水人物、花鸟虫鱼等均可以作为装饰。转动内瓶，通过外瓶的镂孔，可以看见不同的画面，犹如走马灯。镂空技法是清代装饰美化的制瓷手法之一，特别是康、雍、乾三朝将镂空技法大量运用于转心瓶和转颈瓶上。

现收藏于北京故宫博物院的清乾隆粉彩镂空蟠螭纹象耳转心瓶（图 3-23），全器在颈、腹处分为外套和内瓶两部分。瓶外颈部饰黄地轧道粉彩折枝莲纹，腹部四面有圆形开光，开光外的霁蓝地上面描绘金色的蝴蝶勾莲纹，开光内镂雕绿色蟠螭纹，足部饰黄地轧道粉彩云头纹。瓶颈与内套瓶相连，可以旋转，内套瓶绘制白地粉彩婴戏图。现收藏于北京故宫博物院的清乾隆天蓝地开光镂空粉彩转心瓶（图 3-24），通体以天蓝釉为地，上有青花蟠螭纹装饰。腹部四面开光，开光内镂空的窗栏采用粉彩装饰。瓶内套瓶表面用粉彩描绘西洋人物风景图。转动外瓶，可见内瓶景物。此瓶结构巧妙，镂雕精湛，天蓝釉、金彩、青花相映成趣，是乾隆时期的精品。

图 3-23　清乾隆粉彩镂空蟠螭纹象耳转心瓶
（北京故宫博物院）

图 3-24　清乾隆天蓝地开光镂空粉彩转心瓶
（北京故宫博物院）

（二）转颈瓶

转颈瓶是清代乾隆时期比较流行的瓶式之一，因颈部可以转动，故得此名称。乾

①②　廖宝秀.华丽彩瓷：乾隆洋彩[M].台北：台北故宫博物院,2008:28.

隆时期的转颈瓶大多为景德镇官窑粉彩制品。转颈瓶的器形和组装方式和转心瓶比较接近，不同之处在于颈部增加了一圈可以旋转的套环，颈部有时会书写"天干"，而瓶体书写"地支"，通过转动颈部可以得出表示日期的"干支"，这样奇特的造型体现了乾隆时期瓷器产品的创新思想。

现收藏于北京故宫博物院的清乾隆粉彩加珐琅彩开光山水纹转颈瓶（图3-25），瓶颈部设计成双层，外层转动之后，可欣赏开光处的四季景色。瓶外体以粉彩及蓝料彩装饰，瓶内施松石绿釉。腹部分布四个圆形开光装饰，开光内绘制有四季山水图，空白处题写乾隆皇帝御制诗中与春、夏、秋、冬有关的诗句。开光外以蓝地锦上添花折枝洋莲纹为地。现收藏于台北故宫博物院的清乾隆瓷胎洋彩玲珑旋转渣斗（图3-26），器作镂空旋转式，分四段组合，圈足、镂空圆腹、内胆、撇口颈部各一段，分别烧制后再用榫卯结构套起来。颈部用青花描绘变形如意云纹，内有图案花装饰。圈足上有缠枝卷草纹，近底部为二方连续回纹，中间用弦纹间隔。中间腹部为仿龙泉冬青釉镂空花蝶纹，文时尚均加以金彩描绘。内胆表面是低温珊瑚红彩，器底白釉上青花书写"大清乾隆年制"篆书款识。

图 3-25　清乾隆粉彩加珐琅彩开光
山水纹转颈瓶（北京故宫博物院）

图 3-26　清乾隆瓷胎洋彩玲珑旋转
渣斗（台北故宫博物院）

（三）交泰瓶

交泰瓶，又称为"天地交泰瓶"，带有祝福天下太平和万事如意的美好寓意，是清代创意佳品。交泰瓶是清乾隆时期督陶官唐英的创新瓷器品种之一，被誉为中国陶瓷史上设计最为精巧的器型之一，制作精巧，工艺繁复，主要供乾隆皇帝玩赏，传世器物非常少见。交泰瓶的整体设计十分巧妙，由内外两层组成，内层可以转动，外层镂空，于是把静止的画面变成了动画片，腹部的中间镂雕成如意头形，套勾回纹或仰覆"T"字形纹，上下胎体相互勾套，可以上下微小移动，但是不能分开，寓意"天地交泰"。"交泰"之名出自《易经·泰》，称"天地交，泰"，古时指时运亨通。台北故宫博物院研究员廖宝秀称赞道："如此巧妙的套合原理，不仅展示高超的制作技术，亦有赞颂乾隆盛世，天地上下交通，国泰民安之意。"①例如现收藏于台北故宫博物院的清乾隆瓷胎洋彩黄锦地乾坤交泰转旋瓶（图 3-27），全器由瓶颈部、内瓶，以及上下四部分组成，瓶腹部由四朵相互交错的如意云纹互相套合，上下之间有空隙可做移动，形成"交泰"瓶式。如意云纹内镂空雕刻八卦纹饰，外瓶于颈间凸棱处与内瓶结合套用，当手转动瓶颈，内瓶亦随之旋转，通过外瓶镂空处可见内瓶上青花番莲纹饰。2022 年，香港苏富比秋季拍卖会拍卖瓷器清乾隆御制洋彩紫红锦地乾坤交泰转旋瓶（图 3-28），集镂雕、交泰、转旋于一身，内瓶绘制缠枝莲花纹，外瓶绘制缠枝番莲花，配色为紫红明黄对比，器表锥剔凤尾卷草锦纹。整体装饰融中国传统装饰与巴洛克风格于一体。现收藏于北京故宫博物院的清乾隆粉青釉暗兽面纹交泰尊（图 3-29），通体为粉青釉色，腹部有凹凸的模印兽面纹、云纹，精致细腻。腹部中间采用镂雕的技法把器腹分为上下两部分，并以一仰一覆如意头的造型重复相扣，内有铜胆可以用来插花。如意头形内有凸起的夔纹装饰。与清代大部分繁缛华丽瓷器不同的是，此交泰尊素雅别致，颇有"高洁"之意，令世人为之赞叹不绝。

图 3-27　清乾隆瓷胎洋彩黄锦地乾坤交泰转旋瓶（台北故宫博物院）

图 3-28　清乾隆御制洋彩紫红锦地乾坤交泰转旋瓶（2022 年香港国际苏富比拍卖有限公司秋季拍卖会）

图 3-29　清乾隆粉青釉暗兽面纹交泰尊（北京故宫博物院）

二、求新求变

为了满足清代皇族尤其是乾隆皇帝旺盛的艺术创作需求，御窑厂督陶官唐英费尽心思，屡屡开创新样式。前面所述转心瓶、转颈瓶、交泰瓶等让人耳目一新，脑洞大开。在此处不再赘述，重点讲述瓷器器表纹样的创新装饰。锦上添花是其中颇具代表

---

①　廖宝秀.华丽彩瓷:乾隆洋彩[M].台北:台北故宫博物院,2008:206.

性的具有创新意义的装饰表达方式。

　　御窑厂督陶官唐英费尽心思，开发了瓷器"锦上添花"样式，满足了乾隆帝的旺盛创作之心。[①]乾隆五年、六年期间，瓷胎画珐琅上已经开始制作锦地。洋彩上也差不多同时开始出现锦地，两者相比，画珐琅的洋彩锦地相对单一一些。

　　锦上添花，就是在瓷器表面剔划或者彩绘的锦地上直接添加花纹。添花的形式有"剔锥"和描绘。清代瓷器锦上添花主要有锦地上满饰纹样、锦地空隙处装饰纹样（图3-30）、锦地开光这三种类型。台北故宫博物院收藏的清乾隆瓷胎洋彩旋转葫芦瓶，锦地为黄色地上绘制的深棕色细密的卷草纹（图3-31）。清乾隆瓷胎洋彩翠地锦上添花观音瓶，锦地为翠地上剔锥细密如丝的卷草锦纹（图3-32）。清乾隆瓷胎洋彩锦上添花山水方胜瓶（图3-33），为开光式洋红地剔锥卷草的锦上添花纹，开光内绘制春夏秋冬四季山水人物画，锦地空隙处还绘制有各式各色绣球花，纹饰细腻繁复。

图3-30　清乾隆瓷胎洋彩旋转葫芦瓶
（台北故宫博物院）

图3-31　清乾隆瓷胎洋彩旋转葫芦瓶局部
（台北故宫博物院）

图3-32　清乾隆瓷胎洋彩翠地锦上添花
　　　　观音瓶局部（台北故宫博物院）

图3-33　清乾隆瓷胎洋彩锦上添花
　　　　山水方胜瓶（台北故宫博物院）

①　廖宝秀.华丽彩瓷：乾隆洋彩[M].台北：台北故宫博物院，2008：21.

没有高超的技术，清代瓷器就无法求新求变。但是从另外一个角度来说，技术对于人和物来说，应只是一种介物，不是目的。因此有学者认为，用技术堆砌而来的并非是美，清代瓷器过度崇尚技术，追求技术，其过度的繁缛之美忽视了艺术的本身，这是为后人所诟病之处。

第四节　洋彩交融，异域风情

宋元之前，中国瓷器通过海外辗转贸易输出到欧洲。到了明末清初，大量的瓷器开始直接输出到欧洲，这些精美的瓷器来到了欧洲备受欢迎。[①]目前，欧洲保存最出色的中国外销瓷是康熙至乾隆年间的瓷器，17世纪的青花，18世纪的五彩、粉彩，数量巨大，在欧洲的影响力超过其他贸易产品。康熙二十三年至二十五年设立闽、粤、江、浙四海关，分别管理海外贸易事务，这为瓷器出口贸易事业的发展提供了良好的条件。一方面，中国瓷器作为出口商品，必须满足海外市场的需求，许多海外商人会按照客人的要求，定制符合海外贸易需求的瓷器产品，这必然出现大量带"洋"风格的装饰。另外一方面，大量涌入的海外风格的物品，影响着中国瓷器的造型和装饰。

一、洋彩交融

清代早期施行闭关锁国政策，在科技上落后于其他西方国家。清代中晚期，中外交流频繁，异域装饰风格的西洋之物漂洋过海来到中国，开始影响本土瓷器的风格，因而仿制、模仿西洋装饰的风格开始大量出现在瓷器上。西洋绘画作品的写实风格极大地影响了清代艺术的发展走向，大量具有洛可可和巴洛克风格的装饰纹样就被我国艺术吸收进来，缠枝纹就是其中典型的案例。从留存至今的实物来看，也有不少瓷器作品的装饰出现了东拼西凑的现象，模仿之物透出浮躁之气，但总之，瓷器的中外交流为缠枝纹添加了异域的风情。

所谓"洋彩"，最早见于清代督陶官唐英《陶成纪事碑记》中，"洋彩器皿，新仿西洋珐琅画法，山水、人物、花卉、翎毛，无不精细入神"[②]。又见《陶冶图编次（陶冶图说）》"圆琢白器，五彩绘画，摹仿西洋，故曰洋彩"[③]。清代洋彩瓷器，与珐琅彩瓷有异曲同工之妙，原料珍贵，工艺繁杂，精美绝伦，可称之为彩瓷之冠。康熙年

①　林仁川.明末清初私人海上贸易[M].上海：华东师范大学出版社，1987：224.
②　熊廖.中国陶瓷古籍集成：注释本[M].南昌：江西科学技术出版社，1999：133.
③　熊廖.中国陶瓷古籍集成：注释本[M].南昌：江西科学技术出版社，1999：121.

间就已经烧造洋彩瓷器，雍正时延续，但数量较少，乾隆时期兴盛。洋彩和珐琅彩较为接近，均采用珐琅料，但是洋彩注重采用西方绘画技法，画作母题一般也均为西洋主题。

（一）装饰母题中的洋花洋草

18 世纪，欧洲国家热衷于对植物学的研究。由于对植物花卉的热爱，丰富多彩的西洋花卉作为装饰图案大量出现在西方生活器皿上。西方的传教士、商人等都会在中国定制专门的纪念瓷、陈设瓷、日用瓷等。这其中装饰的纹样自然是按照商人们对西方油画、铜版画的效果来要求瓷器装饰绘画，因此西方油画中常常出现的娇艳明丽的西洋花卉成了清代瓷器装饰中的重要母题之一。此类瓷器上的西洋花卉，可以分为主体纹饰和辅助纹饰。主体纹饰母题有玫瑰、蔷薇、百合、万寿菊、向日葵、郁金香、虞美人（图 3-34）、康乃馨等花朵形体较大、花瓣丰满的花卉品种，往往装饰于瓷器的核心部位。辅助纹饰花卉有三色堇、金银花、夜来香、风信子、金盏菊、矢车菊等，花冠略小，花瓣细小，叶子大于花卉，一般装饰于瓷器的口沿和胫部、近足处边缘。

图 3-34　清乾隆瓷胎洋彩黄地洋花方瓶局部（台北故宫博物院）

自然，在本土使用的瓷器中，也出现了大量的中西交融的装饰母题。装饰中仍然是大量的花卉，但是这些植物花卉已经不是传统的花卉形态，而是应用了西洋花草藤蔓纹，例如洋菊（图 3-35）、洋莲等。从缠枝纹的角度来说，已然有用"S"形主茎的骨骼构成形式，但同时也有大量自由自在的花草藤蔓纹的装饰形态。2014 年北京匡时国际拍卖有限公司秋季拍卖会上的清嘉庆黄地洋彩花卉纹碗（图 3-36），碗内施白釉，描绘了五只红色的蝙蝠，寓意"五福"。碗外以黄釉为地，满绘各式洋花、银莲花、番莲花、百合花、蝴蝶花、蔷薇花、石竹等，花团锦簇，争妍斗芳，色彩斑斓，妙意横生。该碗所绘花卉曲线及布局均与中国

图 3-35　清乾隆洋彩巴洛克式藤蔓洋菊花卉纹碗（2021 年北京保利国际拍卖有限公司春季拍卖会）

传统画风截然不同，明显带有巴洛克装饰之风。此式碗被清宫内务府造办处档案称为"洋彩黄地洋花宫碗"，乾隆二年的《活计档》开始有相关的记录。[1]清道光黄地

---

① 　廖宝秀.华丽彩瓷：乾隆洋彩[M].台北：台北故宫博物院，2008：19.

洋彩洋花内五福纹宫碗（图3-37a、图3-37b），造型端庄典雅，气度饱满宏丽，纹饰彩绘具浓郁西洋巴洛克风格，装饰效果华美，且成对传世，较为难得。外壁绘黄地粉彩缠枝花卉纹，花叶卷曲繁缛，花色鲜艳华贵，绘工精致，富有强烈的立体感。碗心绘五只飞舞的矾红彩蝙蝠，寓意洪福齐天。按清宫《活计档》记载："乾隆二年十月十三日，司库刘山久、七品首领萨木哈，催总白世秀来说太监胡世杰、高玉交……洋彩黄地洋花宫碗一件。传旨：……洋彩黄地洋花宫碗甚好，再烧造些……钦此。"由此可见乾隆帝对此式碗甚为钟爱，此后至道光，历朝均有烧造。

图3-36　清嘉庆黄地洋彩花卉纹碗（2014年北京匡时国际拍卖有限公司秋季拍卖会）　　图3-37a　清道光黄地洋彩洋花内五福纹宫碗一对（2018年香港中汉拍卖有限公司春季拍卖会）　　图3-37b　清道光黄地洋彩洋花内五福纹宫碗一对（2018年香港中汉拍卖有限公司春季拍卖会）

　　清代的瓷器上西洋花卉母题丰富，形式多样，这是中外文化交流的重要载体和证明。这些来自异国的西洋花卉，不仅带来了西方人热爱自然的文化心境和文化体验，更是给中国传统装饰艺术带来新的绘画形式，使得世界瓷器装饰艺术的交流进一步扩大和广泛开展。

（二）西洋明暗绘画技法

　　从洋彩绘画效果来看，采用明暗绘画技法是关键。从植物花卉装饰纹样来看，粉彩装饰的瓷器，原料中含玻璃质较少，绘画时采用浓淡不同层次渲染。珐琅彩的原料玻璃质含量较大，效果较为厚重，绘画出来的花卉植物的轮廓非常清晰，珐琅白料在亮部非常明显地进行了晕染。例如台北故宫博物院的清乾隆瓷胎画珐琅绿竹红梅绿地六寸盘（图3-38）、清乾隆瓷胎画珐琅锦上添花绿地酒盅（图3-39）。

图3-38　清乾隆瓷胎画珐琅绿竹红梅绿地六寸盘局部（台北故宫博物院）　　图3-39　清乾隆瓷胎画珐琅锦上添花绿地酒盅一对（台北故宫博物院）

在洋彩瓷器中，装饰植物花卉纹样，会大量采用珐琅白料点饰光点或者是层层染上白色，体现花卉、枝叶的明暗阴影，例如清雍正珊瑚红地洋彩九秋同庆图碗（图3-40a、图3-40b）。这一对碗，外壁以珊瑚红为地，深沉之红，釉色匀净，上面描绘了一幅美妙的秋色之花图。牡丹、秋葵、菊花、兰花、虞美人、秋海棠、山茶、芍药、栀子花等九种秋天盛开的花卉竞相开放，并以绿、墨色绘枝叶、叶脉，衬托斑斓绚丽的花卉，寓意"九秋同庆，万物吉祥"。玻璃白在这里发挥了巨大的作用，有浓有淡的彩料描绘了花瓣的亮面、阴面，显示了立体感，部分花卉的轮廓线用胭脂红色勾勒，有别其他花卉的装饰，花瓣细部以白料点饰出斑驳光点，令花卉更富立体感。叶片则以深浅绿色表现，转折所产生之光影明暗，布局疏密有致，极富西洋风情，更显风姿绰约。对于此对碗的落款，特别值得一提。外底心青花双方栏内书"雍正御制"四字双行楷书款，表明了雍正皇帝亲自督造及使用的双重含义。相同品种以"康熙御制"年款者为多，"雍正御制"款识者并不多见，尤为珍贵。

图3-40a　清雍正珊瑚红地洋彩九秋同庆图碗一对
（2021年中国嘉德国际拍卖有限公司春季拍卖会）

图3-40b　清雍正珊瑚红地洋彩九秋同庆图碗一对
（2021年中国嘉德国际拍卖有限公司春季拍卖会）

再来看台北宇珍国际艺术有限公司2022秋拍瓷器，清乾隆洋彩金地锦上添花缠枝西洋莲纹长颈瓶（图3-41），色彩为暗色调，有奢华高雅之感。其主要特点是洋彩明暗之中的"暗"，主要花卉的边缘为暗色，和花卉的亮色形成对比，形成了明暗效果。该长颈瓶器面为珐琅釉金地锥剔凤尾纹锦上添花，再绘以各类洋花纹饰。颈饰大小变形勾连如意纹，内装饰洋菊并垂挂珠花及吉庆如意纹，颈肩处饰西洋卷草叶纹、水波纹及菊瓣纹。腹饰蝙蝠于缠枝西洋莲纹间飞行，花叶婉约舒展，洋莲硕大富丽，呈现华贵柔美之态。近足处饰仰莲瓣纹一周。瓶颈所缀连珠吉庆如意纹，暗合"福庆如意"，而蝙蝠、缠枝莲纹则象征"福寿延年"。

图3-41　清乾隆洋彩金地锦上添花缠枝西洋莲纹长颈瓶
（日本久手坚宪二收藏）

花卉有明暗体现，在人物形象上同样也有明暗透视技法。洋彩人物画上，脸部、肢

图 3-42 清乾隆瓷胎洋彩殿阁诗句玉梅瓶(台北故宫博物院)

体的明暗光影多源自西洋画法。例如台北故宫博物院的清乾隆瓷胎洋彩殿阁诗句玉梅瓶(图3-42),腹部绘画殿阁风景人物图,人物为一卖菊老翁。该老翁的脸部、手足、衣着等细节均采用明暗绘画手法。背景处殿阁墙面也用相同的明暗描绘。这些明暗技法的表现对清代瓷器装饰绘画有重要的影响。

(三)清淡柔和的轻奢色彩

巴洛克风格的色彩喜好自由奔放、对比强烈,但洛可可风格的主题表现的是美好、愉悦、轻松的生活。洛可可的色彩倾向温和、雅致、优美,常常会选择轻盈、透亮的色彩。洛可可风格的绘画作品一般喜用高明度、低纯度的嫩绿、粉红、淡黄等娇艳的色彩,表现了温和的色光美,充满了清新愉悦的自然之感。

清乾隆时期瓷器缠枝纹装饰色彩以明黄、粉紫、粉绿、粉蓝、淡赭石、粉红为底色,缠枝花卉色彩丰富,有白色、红白渐变、红紫渐变、红蓝渐变等。主体花卉的花冠色彩以白色或者是白色与其他颜色的混合渐变色为主,此种色彩装饰突出了花卉的核心位置。塞尚认为,"色彩是我们的大脑与宇宙交会之地"[1]。瓦西里·康定斯基说过,"色彩拥有一种直接影响灵魂的力量"[2]。伊夫·克莱因说:"色彩是活生生的,每种色彩都是高度进化的个体,与我们以及整个世界融为一体。色彩才是宇宙真正的居民。"[3]法国后结构主义哲学家吉尔·德勒兹说颜色是"所有被捕捉的对象的虚拟联合",是"同样的情感、梦想、情操和情绪"[4]。

例如,清乾隆粉彩勾莲纹天球瓶(图3-43),为粉彩瓷器,除口沿为黄地松石色云头纹外,其余均以粉色地绘制。装饰纹样以勾莲纹为主,枝叶舒展,花朵和枝茎以绿、白、红、蓝、黄等各种色彩渐变而成,显现出了轻松、愉悦、快乐之感。清乾隆粉彩花卉纹螭耳瓶(图3-44),颈腹连接处有红蓝相间的二方连续,腹部为白底上绘各式折枝花卉,其他部位以粉绿为底色。装饰有盛开的缠枝莲花纹。该螭耳瓶颈部的莲花呈俯视盛开,中间的花芯为圆形蓝白渐变,8个中间的小莲花瓣的尖头部分为红色,逐渐向花瓣底部变色为白色,花冠外部的莲花花瓣表现为立体状,且穿插着粉红色渐变的单层花瓣,立体状花瓣内侧为黄白渐变,外侧为蓝白渐变,色彩柔和淡雅,丰富生动。清嘉庆粉彩花卉纹瓶(图3-45),整体装饰呈对称式,浅蓝色的地上缀满了各式花卉,满密繁缛。其中,

---

① 陈焰.从《塞尚的疑惑》到《眼与心》——略论梅洛·庞蒂的艺术哲学转变[J].美术观察,2017(06):120-121.

②③④ 妮可丽娜·皮安奇.万物:中国油画艺术中的色彩[J].美术,2018,610(10):96-98.

图 3-43　清乾隆粉彩勾莲纹　　　　图 3-44　清乾隆粉彩花卉纹　　　图3-45　清嘉庆粉彩花卉纹瓶
天球瓶(北京故宫博物院)　　　　　螭耳瓶(中国国家博物馆)　　　　（上海博物馆）

缠枝莲花纹为主纹,另有各式花卉、桃实、盘长、如意云纹、"卐"字纹等组合装饰。莲花纹的花冠呈对称状,花瓣层层叠叠,每层色彩各不相同,但均为淡粉色、淡黄、淡红、淡紫、淡湖绿等。枝叶柔软弯曲,各有不同粉色系列的色彩进行装饰,带有轻松愉悦之感。

（四）中西融合中的开光装饰

开光是明清瓷器广泛使用的装饰技法之一,清代使用范围更为广泛。开光,我国自古有之,传统古建筑中有许多利用开光技法进行美化装饰。瓷器上出现开光的时间较晚,一般是在瓷器上的一面或者几面用几何形状,比如圆形、扇形、方形、菱形等勾勒出一个轮廓空间,像是在瓷器上开了一个窗口,然后在这个留白的空间里装饰各种植物、景物、人物、文字等,用来丰富瓷器的画面表现,让瓷器画面表现更有立体感。传统瓷器大部分是自上而下来区分区域,例如口、颈、肩、腹、胫、足等,开光为横向的一种表达秩序和装饰的方式,这是一种新的创造。北京故宫博物院收藏的清乾隆洋彩开光山水四季花卉图盖罐 (图 3-46)、清乾隆黄地珐琅彩开光婴戏纹瓶 (图 3-47)、清嘉庆紫地粉彩开光渔樵耕读图碗图 (图 3-48) 的开光中装饰有景物、人物,开光外装饰花卉缠枝纹,细腻精致。整器装饰对比强烈,有中西风格交融之艺术特征。

图 3-46　清乾隆洋彩开光山水四　　图 3-47　清乾隆黄地珐琅彩开　　图 3-48　清嘉庆紫地粉彩开光
季花卉图盖罐(北京故宫博物院)　　光婴戏纹瓶(北京故宫博物院)　　渔樵耕读图碗(北京故宫博物院)

二、异域风情

清代，中西文化交融背景下，巴洛克风格的装饰纹样被我国艺术吸收、融合、发展，呈现在瓷器中则是大量的不同于中国传统装饰风格的纹样。继巴洛克艺术风格之后，洛可可之风逐渐在中西文化交流中影响着瓷器的装饰艺术。

（一）富足、隆重、夸张的巴洛克风情

16—17世纪间，巴洛克诞生在意大利，后迅速传播到欧洲各处，并广为流传。巴洛克式样注重作品的空间感和立体感，可以极大地发挥艺术家的丰富想象力，具有浓郁的浪漫主义色彩。此外，宗教题材在巴洛克艺术中也占有主导地位。18世纪，欧洲上层社会中散发着浓郁的巴洛克审美趣味，来自中国的传统纹样通过瓷器艺术不知不觉地融入此中，产生了较大的影响。当然，此时中国的瓷器艺术因为巴洛克艺术的到来，开始显现出绚烂华丽的一面。

清代自康熙始，在西方巴洛克影响下，繁杂、精致、连续的图案纹样逐渐成为主流的审美取向。这体现在瓷器艺术上，就是纹饰富丽堂皇，色彩明艳。康熙时期的装饰也有一些西洋元素或母题，但经常处于边饰等次要地位，或被包装在中国风之下，表现出受一些西方刺激的融入异国风格的混合设计（图3-49）。

雍正一朝，因皇帝本人喜欢素洁装饰，瓷器风格多模仿成化一朝的淡雅之风，但随着西方渐进，瓷器上也出现了一些繁缛、华丽装饰的巴洛克风格。例如北京故宫博物院的清雍正矾红地拔白花蝶图圆盒

图3-49　清康熙青花花鸟纹花口盘
（上海博物馆）

（图3-50），整器外表为矾红色，花卉、卷草、蝴蝶等为拔白，形态清晰，对比强烈。所留白的花卉为六瓣形花瓣，采用洋花微观绘画方式，叶片为锯齿状，形成S形，茎叶柔软飘动，构成适合纹样。中国嘉德国际拍卖有限公司2021春季拍卖瓷器清雍正珐琅彩万花锦纹小碗（图3-51），外壁满绘四季百花图案，有牡丹、荷花、玉兰、绣球、芙蓉、菊花、兰草、石榴、桂花、菖蒲、石竹等。这种图案旧称"百花锦"，又名"万花堆""万花锦""锦上添花""百花不露地"等，寓意百花献瑞，盛世长春，因其华美喜庆，一直流行到民国时期。

许之衡在《饮流斋说瓷》中写道："至乾隆则华缛极矣，精巧之致，几于鬼斧神工，而古朴深厚之荡然无存。"[1]乾隆时期在继承康熙、雍正珐琅风格的基础上，出现

---

① ［民国］许之衡，叶喆民.饮流斋说瓷译注［M］.北京：紫禁城出版社，2005：20.

图 3-50 清雍正矾红地拔白花蝶图圆盒
（北京故宫博物院）

图 3-51 清雍正珐琅彩万花锦纹小碗（2021 年
中国嘉德国际拍卖有限公司春季拍卖会）

了许多大胆的新的风格，例如古典器型上出现了西洋人物装饰、西洋花卉装饰、西洋开光形式，这是清宫珐琅彩瓷器的发展中最精彩的部分。乾隆珐琅彩瓷缠枝纹的花卉主题、表现技法、色彩装饰均融入了西方装饰元素。伊斯兰纹样中的植物造型大量涌入，使得乾隆时期的装饰纹样，受到富足、隆重、夸张的巴洛克，优美、细腻、纯化的洛可可装饰风格的重要影响。从缠枝纹装饰的视角来看，"洋花洋草"对缠枝纹的花卉枝叶影响颇大。例如缠枝牡丹纹融入了西洋卷曲"莨苕叶"之风格，称之为"洋番花"，表现出富足、丰满的装饰艺术特征，正是巴洛克精神最好的中国式体现。

北京故宫博物院收藏的清乾隆外哥釉镂空内粉彩花卉紫轧地转心瓶（图 3-52），纹饰满密繁缛，色彩纷繁复杂。瓶上所绘纹样乃中国传统母题蝙蝠、莲花、牡丹、山石、如意云纹等，但是植物花卉形态与洋花、洋草、洋叶结合，具有了西洋之风，外加纷繁的渐变色彩，具有了富足、隆重、夸张的装饰特征。中国国家博物馆收藏的清乾隆蓝地粉彩花卉纹包袱尊（图 3-53），遍身施粉蓝色，上有各种色彩渐变的缠枝花卉纹、叶纹、如意云纹。腹部描绘的粉红色包袱纹衣褶布纹逼真，仿佛是真的布料包裹，红色与粉蓝对比鲜明，具有隆重、贵气之感。2021 厦门博乐德平台拍卖有限公司拍卖瓷器清乾隆粉彩缠枝莲纹天球瓶（图 3-54），造型端庄敦实，底釉为莹白色，纹样细腻

图 3-52 清乾隆外哥釉镂空内粉彩花卉紫轧地转心瓶（北京故宫博物院）

图 3-53 清乾隆蓝地粉彩花卉纹包袱尊（中国国家博物馆）

图 3-54 清乾隆粉彩缠枝莲纹天球瓶（2021 年厦门博乐德平台拍卖有限公司秋季拍卖会）

中 国 瓷 器 缠 枝 纹 装 饰

秀逸。装饰纹样分成四段分别在口、颈肩、腹、胫部装饰,腹部上下留白,中间绘三组银莲花与西番莲交替装饰,花卉枝蔓舒卷飘逸,设色淡雅清新,甚是别致。此器作为西风东渐之下的重要见证者,其气韵婉约雅致,清新复见华贵,温和蕴含富丽,显得雍容高雅、赏心悦目。

朱琰于《陶说》中谈道:"戗金、镂银、琢石、髹漆、螺钿、竹木、匏蠡诸作,无不以陶为之,仿效而肖⋯⋯今皆聚于陶之一工。"[①]乾隆一朝,烧造技术登峰造极,至今难以超越。乾隆珐琅彩瓷装饰纹样由传统的古朴,走向了中西结合或西洋化,呈现的繁缛、富丽的纹样形态,明显体现洛可可所具有的堆饰、重叠和不规则的艺术风格。

自乾隆之后,清宫瓷器装饰风格依然传袭延续,从留存至今的实物可以来探析一二。2022年北京保利国际拍卖有限公司春季艺术品拍卖瓷器清嘉庆粉彩百花不露地撇口瓶(图3-55),器身以矾红、黄、紫、粉、蓝、绿等粉彩满饰各色花朵,图案以牡丹为主题,不同浓淡、深浅的颜色表现花朵,周围绘各种不同季节的花卉,有莲花、菊花、玫瑰花、茶花、百合花、牵牛花等。画面繁密细致,密而不乱;阴阳向背,却极富层次感;五彩缤纷,犹如万花齐放,富丽堂皇。清代瓷器纹样不同,用处不同,据乾隆清宫内务府记事记载,此类满饰花卉瓷器的功能为平日赏花时所用,有"万花献瑞"之意。2021年北京保利国际拍卖有限公司秋季拍卖会中的清道光黄地洋彩"佛日常明"碗(图3-56),制作规整,精巧秀美,外壁以黄釉为地,以

图3-55 清嘉庆粉彩百花不露地撇口瓶(2022年北京保利国际拍卖有限公司春季拍卖会)

图3-56 清道光黄地洋彩"佛日常明"碗(2021年北京保利国际拍卖有限公司秋季拍卖会)

① 马伦.瓷尚西风——清代宫廷瓷器上的巴洛克和洛可可艺术(上)[J].紫禁城,2012(02):100-109.

洋彩绘制缠枝莲托宝杵、洋花纹，间饰四圆形开光，内书"佛""日""常""明"四字，并以四组缠枝宝相花间隔，纹饰布局对称，绘画工整细腻，色彩浓重华美。此碗式创烧自乾隆御窑，乾隆元年的《活计档》中有记载。后历朝官窑均有烧造此类碗。

（二）优美、细腻、纯化的洛可可风情

洛可可之风发源于法国并很快遍及欧洲，一般可以看作是巴洛克风格的延续和发展。17 至 18 世纪的洛可可之风，因"直接得自中国""充满中国特征""支配了大多数欧洲国家的情趣"[①]，而成为中西文化艺术交流史上的重要事件。日本学者小林市太郎认为："所谓洛可可美术的主要特征，完全是由中国工艺美术而来，所以这个洛可可是一个暧昧不明确的称呼，不如直接称之为中国—法国式美术，其意义更明确而实际些。"[②]利奇温在《十八世纪中国与欧洲文化的接触》中写道，德国东部德累斯顿的皮尔尼茨宫是最能体现洛可可艺术的代表之一，这种"洛可可的风尚是以瓷器占首位的"[③]。"洛可可艺术风格和古代中国文化的契合，其秘密在于瓷器这种细致入微的情调。洛可可时代，欧洲对于中国的概念，主要不是通过文字，而是通过淡雅精致的华瓷。"[④]美国历史学家罗伯特•芬雷在《朝圣的艺术：世界史中的瓷器文化》中写道："中国瓷对世界史研究的最大价值，在于它反映了一项规模最为庞大的文化转型活动。"[⑤]乾隆时期的瓷器受到洛可可之风的影响，色彩清淡柔和，涡旋式叶纹，线条流畅优雅，是中西文化交流的重要例证。

清乾隆瓷器缠枝纹装饰色彩清淡柔和，装饰叶纹呈现非对称的 C 形、S 形或旋涡形，勾线纤细、挺拔、清晰，洛可可之风追求的轻盈纤细的秀雅美，典雅精致的色彩美，与中国传统装饰意境追求是相一致的，这是中西文化交流的例证。中国陶瓷艺术善于吸收和融汇外来文化，在交流和传播中溶解与重铸这种美的文化，在融合与变异中装饰艺术不断得到发展和更新。

洛可可之风，以轻快、纤细、华丽、烦琐为其装饰特点，在题材上常常选择岩石、蔓藤、花朵作为纹样题材的来源，在纹饰上常常用 C 形、S 形或旋涡形的曲线，在色彩上运用温和雅致的色彩来装饰。洛可可之风的藤蔓、花朵等装饰内容与中国缠枝纹装饰母题不谋而合，在表现主题上具有共同的诉求点；洛可可之风的 C

① G.F•赫德逊.欧洲与中国[M].王遵仲,李申,张毅,译.北京:中华书局,1995:247.
② 詹嘉.明清时期景德镇陶瓷对欧洲文化艺术的影响[J].陶瓷研究,2002(04):81-84.
③④ ［德］利奇温.十八世纪中国与欧洲文化的接触[M].朱杰勤,译.北京:商务印书馆,1962:26.
⑤ 王鲁湘.天下之器：与世界对话的景德镇[M].南昌:江西美术出版社,2017:15.

形、S 形或旋涡形的曲线与缠枝纹的"S"形主茎和枝叶缠绕运动方式是相互呼应的；洛可可风格在构图上有意强调不对称，其装饰题材有自然主义的倾向，反映到缠枝纹装饰个体叶片上，良好地表现了西方莨苕叶片与中国缠枝叶片的融合和发展（图 3-57）。

图 3-57　涡卷叶纹

从缠枝纹的角度来说，外来装饰艺术影响最大的就是对骨骼构成的影响和对缠枝花、叶单位形的影响。这与本土缠枝纹相比，前者注重立体感，主要通过独立的植物枝干或弯曲的蔓藤来塑造，后者则利用平面的表现手法，纹饰主要以连续的植物枝干的盘曲缠绕组成。例如，清乾隆胭脂紫轧道珐琅彩直颈瓶（图 3-58），外壁以紫釉为地，布满轧道卷草纹，其上以绿、黄、蓝等珐琅彩饰花卉纹，枝、叶呈弧线、S 形、涡形等。花纹错落有致，绘画精细。清乾隆粉彩折枝花卉纹灯笼瓶（图 3-59），因形如灯笼，外壁锦地上错落有致地描绘莲花、牡丹、月季等纹饰。北京故宫博物院的清乾隆珐琅彩锦地描金缠枝花纹蒜头瓶（图 3-60、图 3-61），瓶上的缠枝卷草纹，花叶翻转卷曲，带有浓郁的洛可可风格。

图 3-58　清乾隆胭脂紫轧道珐琅彩直颈瓶(北京故宫博物院）

图 3-59　清乾隆粉彩折枝花卉纹灯笼瓶（北京故宫博物院）

图3-60　清乾隆珐琅彩锦地描金缠枝花纹
蒜头瓶(中国国家博物馆)

图3-61　清乾隆珐琅彩锦地描金缠枝花纹
蒜头瓶局部(中国国家博物院)

　　正如许之衡在《饮流斋说瓷》里所提到的那样，"盖瓷虽小道，而于国运事变亦隐隐相关焉"[1]。瓷器艺术的发展与社会发展紧密相关。从文化的视野看，洛可可之风的艺术特征的形成是中国传统文化对西方文化产生影响的结果，是西方文化对东方文化接纳与调适的产物。[2]我们应通过中西方缠枝纹装饰艺术交流研究，寻找中国传统图形的国际化路径，为传播中国传统文化，让传统图形在现实应用中找到出路，并服务于经济发展做出贡献。我们应该取其精华，去其糟粕，传其形，延其意，让中华优秀文化得到更好的传承与发展，这是当代工艺美术设计所要达成的目标。

①　[民国]许之衡,李晟.饮流斋说瓷[M].合肥:黄山书社,2015:13.
②　林金水.从罗可可之风看17—18世纪西方对东方文化的接纳与调适[J].史学理论研究,2010(02):70-83.

Chapter IV 第四章 >> 清代瓷器缠枝纹装饰鉴赏

1.清康熙 釉里红团花纹苹果尊①

---

① 中国国家博物馆.中国国家博物馆馆藏文物研究丛书瓷器卷（清）［M］.上海：上海古籍出版社，
2007：12.

　　清康熙釉里红团花纹苹果尊，外形似苹果，因而称之为"苹果尊"。该苹果尊通体细致描绘了釉里红纹样，白地莹润，红纹鲜艳，口部向内收敛，圆腹，有内凹圈足。口沿处装饰一圈缠枝花卉纹，腹部装饰四朵盛开的折技花卉纹，有莲花、牡丹、菊花、茶花纹，描绘细腻精致。胫部靠近足底处装饰有一圈莲瓣纹，外底青花书"大清康熙年制"楷书款识。整体上来说，该苹果尊釉里红色泽鲜艳，纹样精致，呈色稳定，制作工艺精湛，是康熙时期釉里红中的名品之一。

　　釉里红，元代已有烧制，明初洪武时期盛烧，永宣时期已十分成熟，明中期开始逐渐衰落。清康熙时，复烧且成果显著。清代陈浏对康熙釉里红评价颇高，《匋雅》有记载："釉里红一种以康熙朝为独擅胜场。"[1]苹果尊的造型为康熙官窑的创新器型之一，为文房用具。此类造型的尊有缩颈和无颈大口两种，无颈的以釉里红为多，缩颈的以苹果绿和天蓝釉两种较为常见。陈浏《匋雅》："苹果尊于苹果绿之外又有天青、釉里红两种，皆珍玩也。"[2]后世民国仿品多见。

　　现收藏于中国国家博物馆。

① 中国国家博物馆.中国国家博物馆馆藏文物研究丛书瓷器卷（清）[M].上海：上海古籍出版社，2007：12.
② （清）陈浏，赵菁.匋雅[M].北京：金城出版社，2011：205.

2.清康熙　紫红地珐琅彩折枝莲纹瓶[①]

　　清康熙紫红地珐琅彩折枝莲纹瓶,瓶撇口,长颈,腹部扁圆,足为饼形实足,瓶底无釉。该瓶通体装饰珐琅彩,外表面为紫红色,上有蓝、白、黄、绿色彩的纹样装饰。唇部为白色,颈部装饰有变形蝉纹,大蝉纹中间夹着小蝉纹,形成大小对比。扁圆腹上装饰了折枝的莲花纹,花冠较大且呈对称状,花瓣层层叠叠,花瓣里为嫩黄色,背面为淡蓝色。叶片主色为绿色,扭曲动态明显,与须一起呈缠绕状态。该瓶内里为白釉,足底部方栏内刻楷书"康熙御制"款识。这件珐琅彩莲纹瓶为康熙珐琅彩初创时期的作品,造型古典,色彩浓郁,画风厚重,绘画效果模仿铜胎画珐琅,显得庄重又富贵。康熙晚期,铜胎画珐琅自欧洲传入清宫。在康熙皇帝的授意下,铜胎画珐琅技术开始应用在瓷器装饰上,此件为目前所见造型、纹样的唯一存世品,尤其珍贵。

　　现收藏于北京故宫博物院。

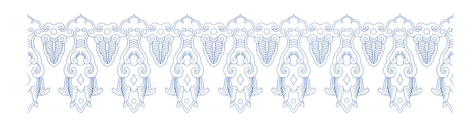

①　故宫博物院.故宫陶瓷图典[M].北京:紫禁城出版社,2010:225.

3.清康熙 紫地白花缠枝莲纹多穆壶[①]

清康熙紫地白花缠枝莲纹多穆壶，有口，有流，口在顶部如僧帽，流呈"S"形弯曲状，腹部有兽首双系方便穿绳和提携。该壶通体施以紫釉，上面刻绘上中下三层缠枝莲花纹，莲花纹为白釉。

多穆壶是蒙、藏民族的生活用具，造型体现了实用性，具有浓郁的少数民族特色。多穆壶多为金属材质，一般用来盛水、酒等液体。元代时，已生产瓷质多穆壶，形态较小，有执柄，例如景德镇烧造的青花、青白瓷多穆壶非常有特色。清康熙时期，多穆壶重新开始流行，此时的器型较大，无执柄。康熙时期多穆壶的品种比较丰富，有五彩壶、素三彩壶、紫地白花壶以及各种单色釉如蓝釉、黄釉等。

现收藏于北京故宫博物院。

---

① 中国国家博物馆.中国国家博物馆馆藏文物研究丛书瓷器卷（清）[M].上海：上海古籍出版社，2007：38.

4.清康熙　洒蓝釉地描金缠枝莲纹棒槌瓶[①]

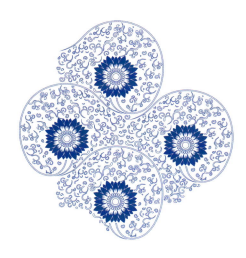

清康熙洒蓝釉地描金缠枝莲纹棒槌瓶,盘口较大,颈略粗,肩部略方,腹部为圆柱形,至胫部略收,有圈足,总体来说形似棒槌。该瓶外壁通体为洒蓝釉,上有满而密的描金装饰纹样。颈部描绘有双龙戏珠纹,肩部锦地开光内描绘花卉纹,腹部装饰有四方连续缠枝莲花纹,胫部为二方连续莲瓣纹。莲花花冠呈俯视状,盛开的花朵代表着盛世的繁华。该瓶胎薄坚细,釉质深沉素雅,金彩雍容华贵,装饰莲纹繁密,但秩序井然,是康熙时代的典型优美器物。

该棒槌瓶采用吹釉工艺,釉面浓淡不一,浅蓝色地上散布着深蓝色点,犹如散落的蓝色水滴,故称为"洒蓝釉"或"雪花蓝釉"。清代《南窑笔记》称为"吹青釉"[②]。洒蓝釉,明代宣德时期景德镇创烧。清康熙时期,采用洒蓝釉制作的瓷器较为常见,留存至今的造型有盘、碗、笔筒、棒槌瓶、罐等,装饰技法有洒蓝地描、洒蓝地白花、洒蓝地釉下(或釉上)彩绘等。

现收藏于中国国家博物馆。

①　中国国家博物馆.中国国家博物馆馆藏文物研究丛书瓷器卷(清)[M].上海:上海古籍出版社,2007:39.

②　熊廖.中国陶瓷古籍集成:注释本[M].南昌:江西科学技术出版社,2000:523.

5.清康熙　黄地开光珐琅彩花卉纹碗①

　　清康熙黄地开光珐琅彩花卉纹碗，撇口，弧腹，腹部略下垂，有圈足。碗的内里施白釉显得莹润透亮，外壁为黄地开光，采用珐琅彩装饰。外壁开光为 4 个花瓣形开光，显得温柔亲和，开光内描绘了彩色的牡丹与菊花。花卉为自然形态的写生花，开光内底色为填涂的松石绿釉。花卉采用中国画勾勒轮廓、晕染渐变形式描绘，细腻精致。开光外描绘了蓝、紫色折枝莲花纹，莲花纹呈对称状，造型具有程式化特点。圈足底内施白釉，足底有红料彩楷书"康熙御制"款识。

　　现收藏于北京故宫博物院。

①　故宫博物院.故宫陶瓷图典［M］.北京：紫禁城出版社,2010:226.

6.清康熙　胭脂红地珐琅彩宝相花纹团寿字碗[①]

　　清康熙胭脂红地珐琅彩宝相花纹团寿字碗，撇口，深弧壁，有圈足。碗的内里施白釉无装饰，显得莹润透亮，外壁为胭脂红地珐琅彩装饰，上有各色珐琅料描绘的四组宝相花组合纹饰。每一组由一朵宝相花、二朵莲花组成，中间的宝相花花心处有一"寿"字。宝相花端庄，莲花精致，四组花卉围绕一圈，显得端庄严肃。圈足内施白釉，足底有蓝彩书写"康熙御制"款识。整体来说，该碗造型规整，构图端庄，设色富丽，突出"寿"的核心地位，是精品之作。

　　现收藏于北京故宫博物院。

---

①　故宫博物院.故宫陶瓷图典［M］.北京:紫禁城出版社,2010:227.

7. 清康熙　蓝地珐琅彩牡丹碗①

　　清康熙蓝地珐琅彩牡丹碗，敞口，深弧壁，有圈足。碗的内里施白釉无纹样，显得莹润透亮，外壁为深蓝色地珐琅彩装饰。外壁纹样由四组牡丹纹组成，每组牡丹纹呈对称状，花冠较大，花瓣为红色且边缘白色晕染，似随风舞动，动态感强烈。叶片为黄色，用红棕色线条勾勒枝条、叶脉。足内是白釉，有胭脂彩"康熙御制"款识。该碗色彩浓郁，牡丹花在宝石蓝地色的衬托下，显得格外端庄典雅，这是康熙款珐琅彩瓷器的重要典型特征之一。

　　现收藏于北京故宫博物院。

---

①　故宫博物院.故宫陶瓷图典［M］.北京：紫禁城出版社,2010:228.

8.清康熙　青花桃实勾莲纹盘[①]

　　清康熙青花桃实勾莲纹盘，盘敞口，弧壁，有圈足。盘内外壁均有青花装饰，盘内心绘制四组莲花纹，中间有一"吉"字，外围有四组折枝桃果托如意纹，分别用"吉"字相间隔。外壁绘制缠枝桃果托如意纹。此类装饰纹样寓意吉祥如意、长生不老。文字类题材的装饰在康熙时期十分流行，既有单独形式的，也有组合形式的。此盘形制端庄，釉色莹润，青花淡雅，纹饰精致。

　　现收藏于北京故宫博物院。

①　陈润民.清顺治康熙朝青花瓷［M］.北京：紫禁城出版社,2005：135.

9.清雍正　青花缠枝葫芦飞蝠纹橄榄瓶①

　　清雍正青花缠枝葫芦飞蝠纹橄榄瓶，撇口，颈部中间略收缩，溜肩，鼓腹，至胫部收缩，足部略外撇。该橄榄瓶形制呈橄榄形状，通体装饰青花纹饰，细腻满密。颈部装饰有二方连续蕉叶纹、如意云纹等，腹部的主题装饰为缠枝葫芦飞蝠纹。葫芦枝叶繁茂，长满了大小不一的葫芦果，蝙蝠在葫芦果中间飞舞穿梭，苍翠的藤蔓缠绕弯曲，S形须卷向外延伸，扩张感强烈，葫芦挂在藤蔓上向下垂，颇有丰收之意。葫芦藤蔓中间飞舞着蝙蝠，远看与叶片形似，生动自然。足底外部有青花双圈，内书"大清雍正年制"款识。我国古代有谚语："盾内一粒弧，家风才会富。"葫芦有"福禄""富贵"之意，代表着长寿吉祥。葫芦藤蔓缠绕绵延，寓意子孙万代，延绵不断，永远繁盛。

　　现收藏于中国国家博物馆。

---

① 中国国家博物馆.中国国家博物馆馆藏文物研究丛书瓷器卷(清)[M].上海：上海古籍出版社，2007：50.

10.清雍正 青花折枝花果纹瓶^①

　　清雍正青花折枝花果纹瓶，撇口，颈部中间略收缩，溜肩，鼓腹，至胫部略收缩，平底，瓶底有青花双圈，内书"大清雍正年制"款识。该瓶通体青花装饰，外口沿下有一圈弦纹，颈部描绘一圈长短交错的蕉叶纹，肩部装饰二方连续缠枝花卉和如意云头纹，腹部绘六组上下交错的折枝花果纹，近足处凸雕花瓣，上绘变形莲瓣纹，青花发色纯正，纹饰细腻精致。该瓶的主图装饰为折枝花果纹，有牡丹、芍药、茶花、瓜果等，缠枝纹饰位于颈部下面，为含苞待放的牡丹花花苞，花朵较大，基本呈对称形，中间为一个大片花瓣，两侧小花瓣为侧形。主茎呈现 S 形，叶片小于花，从主茎上直接伸出并分裂为 3~4 个小片。该瓶是雍正年间的青花瓷特色代表作之一。

　　现收藏于中国国家博物馆。

①　中国国家博物馆.中国国家博物馆馆藏文物研究丛书瓷器卷（清）[M].上海：上海古籍出版社，2007：52.

11.清雍正　青花缠枝花卉纹如意尊①

清雍正青花缠枝花卉纹如意尊，口呈蒜头状，束颈，圆腹丰硕，假圈足。口部和肩部两侧有一对如意耳，呈对称状，故称如意尊。该如意尊遍体装饰缠枝花卉纹，蒜头处、颈下部为缠枝莲花纹，该莲花花冠中间为莲蓬，莲瓣形态特征明显。肩部装饰有二方连续云肩纹，形成细长的带状与腹部的主纹进行对比。腹部为百花缠枝纹，繁荣满密，花大叶小，一片繁荣。胫部为排列紧密的二方连续变形莲瓣纹。足底外部青花双圈，内书"大清雍正年制"款识。

雍正时期，此类如意耳尊是新创器型，在各种瓷器类型中均可以见到，有青花、斗彩、粉彩、青釉、仿汝釉等，总体来说精工细作，质量较高。

现收藏于中国国家博物馆。

---

① 中国国家博物馆.中国国家博物馆馆藏文物研究丛书瓷器卷(清)[M].上海：上海古籍出版社，2007：54.

12.清雍正　青花折枝花果纹蒜头瓶①

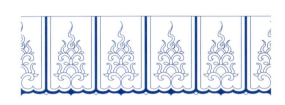

　　清雍正青花折枝花果纹蒜头瓶，因瓶口呈蒜头状而得名。瓶口内敛，直颈，溜肩，垂腹，圈足外撇。蒜头瓶口部装饰有回纹、缠枝莲花纹，颈部装饰着变形莲瓣纹、回纹、云肩纹，纹样布局严谨，排列有序。变形莲瓣纹线框内描绘着向上生长的卷草纹。腹部装饰着各式折枝花果纹，有牡丹、石榴、枇杷、菊花等，胫部装饰变形莲瓣纹与颈部呼应。足墙上有海水纹。整体上来说，该蒜头瓶纹饰布局疏密有致，青花艳丽，画工精细，造型典雅，是雍正朝的青花代表作。雍正之后，各朝均有烧造此类蒜头瓶。

　　现收藏于中国国家博物馆。

①　中国国家博物馆.中国国家博物馆馆藏文物研究丛书瓷器卷（清）[M].上海：上海古籍出版社，2007：56.

13.清雍正 青花缠枝花卉纹缸

　　清雍正青花缠枝花卉纹缸，大口，短颈，弧腹较深，有圈足。该器青花装饰满密繁复，内外均绘青花缠枝花卉纹。缸的内壁口沿处装饰一圈如意云头纹，内壁满密装饰缠枝百花纹。外壁分成三部分，肩部有一圈二方连续如意云头纹，腹部绘制满密的缠枝花卉纹，花卉怒放，枝叶繁盛，一派繁荣景象。近足处胫部装饰一圈变形莲瓣纹。整器非常端庄规整，胎釉洁白莹润，胎体内外青花满密缠绕，装饰韵味浓郁，是较为少见的典型作品。

　　现收藏于中国国家博物馆。

① 中国国家博物馆.中国国家博物馆馆藏文物研究丛书瓷器卷（清）[M].上海：上海古籍出版社，
　2007：60-61.

14. 清雍正　釉里红三果纹玉壶春瓶[①]

　　清雍正釉里红三果纹玉壶春瓶，瓶撇口，粗颈，鼓腹下垂，有圈足。该玉壶春瓶瓷质细腻，胎釉洁白，纹样皆用釉里红装饰，主题纹饰为折枝荔枝、桃、石榴三果纹。折枝果实在莹润洁白的胎体衬托下，显得丰硕饱满。颈部绘制有蕉叶、缠枝灵芝、如意云头纹，胫部绘制有变形莲瓣纹，圈足外墙有缠枝卷草纹。足部外底有青花双圈，内书"大清雍正年制"款识。该器端庄规整，纹饰祥瑞，釉里红发色鲜艳，为雍正釉里红瓷器中的上乘之作。

　　雍正时期，釉里红被称为"宝烧红"，整体制作状况相比康熙时期更要精致一些。除整器装饰釉里红外，还有天蓝地、豆青地的釉里红制品。雍正釉里红主要有两类，一类模仿明代永宣釉里红瓷器，非常相像，如云龙碗、三果碗、三鱼高足杯等；另外一类为自创型典型瓷器，三果纹玉壶春瓶属于自创型。

　　现收藏于中国国家博物馆。

①　中国国家博物馆.中国国家博物馆馆藏文物研究丛书瓷器卷（清）[M].上海：上海古籍出版社，
　　2007：64.

15.清雍正　洒蓝地白花缠枝花卉纹盘[①]

　　清雍正洒蓝地白花缠枝花卉纹盘，收口，弧壁，广底，有圈足。该盘的内外壁以洒蓝釉色装饰为地，其上模印白色花卉纹。内壁均装饰满密花纹，盘壁内外装饰一圈缠枝花卉纹，蓝白对比，显得清新明快，非常有特色。外底青花双圈，内书"大清雍正年制"楷书款识。

　　元时就已经有蓝地留白的烧造工艺，明清两代延续，康熙时十分流行，雍正时烧制并不多见，该盘为雍正时期的代表作。该技法先按照预先设计的花纹进行刻画，之后用钴料涂抹花纹以外的地方，露出白色纹饰，再罩以透明釉之后入窑高温烧制，形成蓝地白花。

　　现收藏于中国国家博物馆。

---

①　中国国家博物馆.中国国家博物馆馆藏文物研究丛书瓷器卷（清）[M].上海：上海古籍出版社，2007：68-69.

16.清雍正　青花缠枝花卉纹大盘①

　　清雍正青花缠枝花卉纹大盘，敞口，圈足，底部无釉，器身内外布满青花缠枝花纹，花大叶小，枝条柔软。盘内中心为适合纹样，花卉、枝叶描绘得非常细腻，外围用一圈二方连续与盘立壁进行间隔。盘立壁二方连续纹样题材与盘中心一致。盘外壁装饰与内壁装饰进行了呼应，花卉、枝叶满密装饰。该盘的造型、纹饰、制作方法均效仿明宣德时期的青花瓷，风格清新精致。

　　现收藏于震旦艺术博物馆。

---

①　震旦文教基金会编辑委员会.青花瓷鉴赏[M].台北:财团法人震旦文教基金会,2008:204-205.

17.清雍正 斗彩团花纹天球瓶①

清雍正斗彩团花纹天球瓶，口微敞，长颈，球腹形，有圈足。该天球瓶通体采用斗彩装饰，口沿、颈及肩部绘"卍"字符号、折枝花卉纹和如意云头纹，颈部装饰了寿山福海纹，腹部有五框圆形开光，开光内装饰团花纹，中间花朵较大，四周围绕五组花卉枝叶纹，开光外为各色缠枝花卉纹，纹饰满地，色彩丰富。近底处为波涛海水山石纹。器底处用青花书"大清雍正年制"篆书款识。该天球瓶形制较为高大，造型端庄秀美，釉质莹润透亮，纹饰布局繁密，绘制精细，着色明丽。

团花纹，有"团团圆圆"的寓意，又称为"绣球花"。我国传统纹样中的"团"状装饰非常丰富，除团花外，还有团龙、团凤、团蝶、团螭纹等。此类圆形的装饰韵味浓厚，灵活性强。从瓷器装饰来说，清雍正时期的团花纹最为精致。

现收藏于中国国家博物馆。

---

① 中国国家博物馆.中国国家博物馆馆藏文物研究丛书瓷器卷（清）[M].上海：上海古籍出版社，2007：76.

18.清雍正　斗彩缠枝花卉纹玉壶春瓶①

　　清雍正斗彩缠枝花卉纹玉壶春瓶，撇口，束颈，溜肩，鼓腹，圈足。该玉壶春瓶自颈下部开始满饰斗彩纹样，颈下部装饰变形花卉纹，肩部有朵花纹、如意云肩纹，云肩纹内装饰"寿"字纹，腹部装饰有各种缠枝花卉纹，花色有红、紫、白、粉等，枝叶缠绕，描绘了明媚春光下百花齐放的美妙场景。

　　雍正斗彩瓷继承明成化斗彩瓷装饰风格，既有模仿又有创新。雍正斗彩中，玉壶春瓶的造型较少，此件斗彩玉壶春瓶较为罕见。

　　现收藏于中国国家博物馆。

① 中国国家博物馆.中国国家博物馆馆藏文物研究丛书瓷器卷（清）［M］.上海：上海古籍出版社，
2007：77.

19. 清雍正　斗彩番莲纹葫芦瓶[①]

　　清雍正斗彩番莲纹葫芦瓶，器型为葫芦造型，直口，削肩，细腰，下腹扁瓜棱形，有圈足。该葫芦瓶器型端庄典雅，胎质洁白细腻，上有斗彩纹饰装饰，推断是清宫中的陈设品。葫芦上部装饰了斗彩寿字、五蝠、福海、山石等，构成了"寿山福海"图案。腰部内凹，仿佛一条白色的玉腰带束在葫芦中间。下部的每个瓜棱处描绘有盛开的牡丹花卉纹，有雍容华贵之意。圈足外底有青花"大清雍正年制"楷书款识。蝙蝠有"飞来之福"之意。《尚书》称福有五种："一曰寿，二曰富，三曰康宁，四曰攸好德，五曰考终命。"[②]民间把"五福"释为福、禄、寿、喜、财。清代瓷器装饰中蝙蝠可单独装饰，也可与其他吉祥纹样组合，成品非常丰富。

　　现收藏于中国国家博物馆。

---

①　中国国家博物馆.中国国家博物馆馆藏文物研究丛书瓷器卷（清）[M].上海：上海古籍出版社，2007：78.

②　田自秉,吴淑生,田青.中国纹样史[M].北京：高等教育出版社,2003：386.

20. 清雍正　斗彩团花纹碗[1]

　　清雍正斗彩团花纹碗，侈口，弧壁，深腹，有圈足。该碗内外均有斗彩装饰，色彩丰富多样。碗内壁的中心描绘对蝶纹，外壁描绘有四组团形花卉纹。四组花卉图为花卉写生小景，描绘细腻精致，颇有意境。团花间隔有上、下对称的仰覆勾莲纹，足外底有青花书写"大清雍正年制"行书款识。该碗胎体轻薄，釉色莹润，造型秀美，纹饰规整，色彩鲜艳，体现了雍正斗彩瓷清逸鲜丽的艺术风格。

　　团花纹即圆形纹样，又称为"绣球花"，是瓷器装饰的常用纹样。由于团花具有装饰性强、灵活多变的特点，明清两代在瓷器上非常盛行，大多为彩色装饰，清雍正时期的团花纹最为精致。

　　现收藏于中国国家博物馆。

① 中国国家博物馆.中国国家博物馆馆藏文物研究丛书瓷器卷（清）[M].上海：上海古籍出版社，
　　2007：83.

21.清雍正　斗彩八吉祥纹盘^①

　　清雍正斗彩八吉祥纹盘，撇口，浅腹，有圈足。该盘形体硕大，制作规整，装饰满密，纹饰细腻，色彩绚丽。盘内口沿装饰有波涛纹、杂宝纹为边饰，盘中心描绘有非常繁复、细致的双夔凤衔花纹，外绕四组西番莲花纹形成一周，曲线缠绕，张弛有度，非常美观。内弧壁上描绘八吉祥纹，中间绘制彩色祥云。盘外壁描绘十二朵大叶缠枝莲花纹，枝叶缠绕，纹饰华丽，色彩浓艳，富丽堂皇。

　　现收藏于中国国家博物馆。

① 中国国家博物馆.中国国家博物馆馆藏文物研究丛书瓷器卷（清）[M].上海：上海古籍出版社，2007：84-85.

22.清雍正　蓝地黄彩折枝花纹盘①

　　清雍正蓝地黄彩折枝花纹盘，敞口，浅腹，弧壁，有圈足。盘内外均以深蓝色为地，上有鲜艳的黄彩装饰，蓝色深沉，黄色娇嫩，色彩对比强烈。盘的内底、内外壁均描绘有折枝花纹，采用印花技法。圈足外底有青花双线圈，内里书写青花楷体"大清雍正年制"款识。雍正时期，仿古瓷器颇多，对该盘从造型、纹饰进行分析，应该是模仿了明代嘉靖蓝地黄彩花卉纹盘。根据《国朝宫史》（卷三十七，"经费一"之"铺宫"条）记载，清代宫廷中此类蓝地黄彩瓷器应该是供嫔使用的。②

　　现收藏于北京故宫博物院。

①②　故宫博物院.故宫陶瓷图典［M］.北京：紫禁城出版社,2010:253.

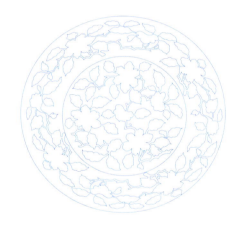

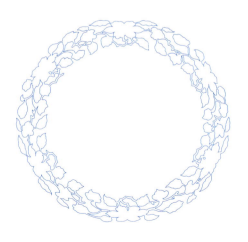

23.清乾隆　釉彩大瓶[①]

　　清乾隆釉彩大瓶，瓶洗口，长颈，颈部两侧有对称螭耳，长圆腹，圈足外撇。整个大瓶装饰繁华，既有釉上彩，又有釉下彩，自上而下的装饰层数达到 15 层之多。釉上彩的主要装饰类别有金彩、珐琅彩、粉彩，釉下彩装饰有青花、斗彩，集中了清代瓷器装饰技术。从釉来说，有仿哥釉、松石绿釉、窑变釉、粉青釉、霁蓝釉、仿汝釉、仿官釉、酱釉等，种类丰富。在瓶子的口沿、颈部、腹部、胫部、圈足等均装饰有各种纹样，如缠枝莲花纹、蕉叶纹、卷草纹、回纹等。瓶腹部上的霁蓝釉描金开光粉彩吉祥图案最为精彩，共有 12 幅图案，其中六幅写实，分别为三阳开泰、吉庆有余、丹凤朝阳、太平有象、仙山琼阁、博古九鼎。另外六幅图案为"卍"字、蝙蝠、如意、蟠螭、灵芝、花卉，寓意着美好的祝福和象征。瓶内及圈足均施松石绿釉，外底中心有"大清乾隆年制"篆书款识。乾隆皇帝嗜古成癖，这件釉彩大瓶是乾隆帝要求集各种瓷器技艺于一体的典型案例，有"瓷母"之称，充分体现了当时高超的瓷器烧造技术。

　　现收藏于北京故宫博物院。

①　故宫博物院.故宫陶瓷图典［M］.北京：紫禁城出版社,2010:275-281.

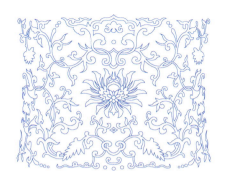

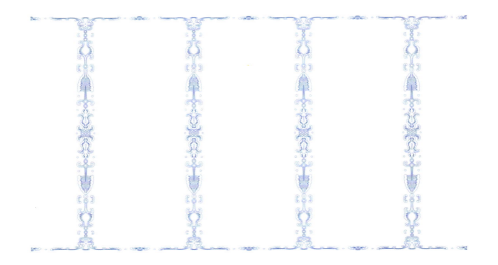

24.清乾隆　青花缠枝莲纹贯耳扁瓶①

　　清乾隆青花缠枝莲纹贯耳扁瓶，撇口，颈部略向里收缩并装饰对称的双贯耳，斜肩，腹部至胫部向内收缩，平底。该瓶造型庄重，遍体装饰青花，器身布满莲花缠枝纹，层次清晰，青花发色纯正。外口沿下，是整齐排列的如意云纹，双贯耳上描绘花卉纹，颈肩部、腹部均装饰缠枝莲花纹，中间隔以弦纹、如意云肩纹，近足处装饰一圈紧密的大叶卷草纹。该贯耳瓶造型别致，纹饰精致，是乾隆时期青花瓷器的代表作之一。

　　现收藏于中国国家博物馆。

---

① 中国国家博物馆.中国国家博物馆藏文物研究丛书瓷器卷（清）［M］.上海：上海古籍出版社，
2007：116.

25.清乾隆　青花缠枝莲纹花觚^①

　　清乾隆青花缠枝莲纹花觚，胎体洁白细腻，瓷质坚密，光泽莹润，釉面匀净，略闪青白，该花觚较高，有多个立面相接，纹饰层层叠叠，通体共装饰十四层装饰纹样，如莲花纹、焦叶纹、回纹、花卉纹、变形莲瓣纹、云肩纹、缠枝如意云头纹等。腹部有文字开光，其外装饰缠枝纹饰，整体布局疏密有致，显得典雅清丽。

　　花觚是青铜器的传统造型，后代瓷器多有仿照这一造型，尤其以清代瓷器为最多。清代唐英创意独特，将此花觚分成两部分烧制，上下有卡口相连，创造了"新式玲珑巧工之器"瓷器花觚的崭新样式。因此，该作品又名"唐英花觚"，这是唯一以人名命名的瓷器品种。该花觚设计独到，工艺精湛，造型创新，是乾隆青花瓷器装饰的典范。

　　现收藏于中国国家博物馆。

---

①　中国国家博物馆.中国国家博物馆馆藏文物研究丛书瓷器卷（清）［M］.上海：上海古籍出版社，2007：114.

26. 清乾隆　青花缠枝莲托八宝纹铺耳尊①

　　清乾隆青花缠枝莲托八宝纹铺耳尊，侈口，颈部略收束，肩上饰双铺首耳，腹部鼓起至胫部向内收缩，圈足外撇。该尊器形硕大端正，白釉滋润，青花发色鲜艳，自上而下共有六层装饰，纹样繁缛。外口沿与近圈足胫部描绘一周海水波涛纹，颈部有缠枝西番莲纹，花大叶小，腹部描绘同样形态的双层青花缠枝西番莲，上层托八宝纹，画面流畅华丽。整器端庄典雅，纹样细致，勾画严谨，是清代宫廷典型的陈设用器。

　　现收藏于中国国家博物馆。

---

① 中国国家博物馆.中国国家博物馆馆藏文物研究丛书瓷器卷（清）［M］.上海：上海古籍出版社，2007：117.

27. 清乾隆　青花缠枝莲纹鸠耳尊[①]

　　清乾隆青花缠枝莲纹鸠耳尊，大口，颈部略向里收缩，颈部两侧有鸠耳衔环，斜肩，圆腹，圈足外撇。鸠耳装饰，有"长寿"之意，《后汉书》有关于鸠耳的记载。该尊遍体装饰青花，发色鲜艳翠亮，装饰技法主要采用明早期的点染法描绘技法，满密繁缛，从器型、装饰来看，有"高官厚禄，花开富贵，福寿康宁，喜事连连"之意义。该鸠耳尊自口沿而下共分六层纹样装饰，青花满密。从外颈部往下分别为卷草纹、缠枝花卉纹、如意云头纹、缠枝花卉纹、变形莲瓣纹和卷草纹，中间有弦纹间隔。腹部描绘了两主三辅五层缠枝花纹，每层均绘八朵花，有的含苞欲放，有的已经盛开。盛开的花冠较大，衬托的叶片较小，花冠仰面大开，花瓣整齐围绕花蕊呈太阳发射状，枝条柔软缠绕，叶片随着枝条微微飘动，描绘了繁花似锦的美好场面。该器造型典雅大方，纹饰繁密，勾画严谨，是清代宫廷典型的陈设用器。

　　现收藏于中国国家博物馆。

---

① 中国国家博物馆. 中国国家博物馆馆藏文物研究丛书瓷器卷（清）[M]. 上海：上海古籍出版社，2007：119.

28. 清乾隆　青花八吉祥纹扁壶[①]

　　清乾隆青花八吉祥纹扁壶，直口，颈肩部有螭耳一对，扁圆腹，腹部两面中心有圆状凸起，椭圆形圈足。该扁壶胎质细腻，釉色洁白，青花浓重艳丽，花纹层次分明。壶的口沿下、扁圆腹侧边装饰一圈二方连续回纹，颈部装饰缠枝花卉纹，腹部边缘环绕一圈回纹。腹部中心凸起处，内绘一带叶花卉状转轮，四周绘八个变形莲瓣纹，莲瓣内绘八吉祥纹，圈足足墙上一周缠枝花卉纹装饰。八吉祥纹，又称八宝纹，具体指法轮、法螺、宝伞、白盖、莲花、宝瓶、双鱼、盘长八种图案，明清时非常流行，常常与莲花纹组成各式图案。

　　整体来说，此瓶形制高大，气势宏伟，造型端庄，纹饰布局工整，图案化装饰特征明显。此类扁壶形制又称"宝月瓶"，清代除青花外，还有黄地青花、色釉瓷器等。清乾隆时期烧造这种造型比较多，该扁壶为乾隆青花代表作之一。

　　现收藏于中国国家博物馆。

① 中国国家博物馆. 中国国家博物馆馆藏文物研究丛书瓷器卷（清）[M]. 上海：上海古籍出版社，2007：122.

29.清乾隆　釉里红云龙纹玉壶春瓶①

　　清乾隆釉里红云龙纹玉壶春瓶，瓶撇口，短颈，溜肩，鼓腹，有圈足微微外撇。该瓶通体釉里红装饰，颈部装饰一周蕉叶纹，肩部为二方连续缠枝灵芝纹、如意云肩纹，腹部主纹为云龙纹，龙遨游在云海中，胫部装饰有一周变形莲瓣纹，圈足外足墙描绘了折枝花卉纹，足底外有青花书写"大清乾隆年制"款识。该玉壶春瓶形制端庄，纹样细致，釉里红的色彩鲜艳，与莹润白皙的瓷胎对比，显得典雅清丽。

　　玉壶春瓶为明清时期瓷器的典型造型。许之衡在《饮流斋说瓷》中有言："玉壶春口颇侈，项短腹大，足稍肥，亦雅制也。天青、积红者尤居多数，此式大半官窑，甚少客货，而官窑又大半纯色釉也。"②

　　现收藏于中国国家博物馆。

①②　中国国家博物馆.中国国家博物馆馆藏文物研究丛书瓷器卷(清)[M].上海：上海古籍出版社，2007：123.

30.清乾隆　釉里红折枝花果纹葫芦瓶[①]

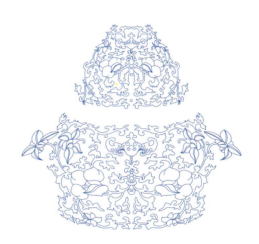

　　清乾隆釉里红折枝花果纹葫芦瓶，器型为葫芦形，白底釉里红，红色纯正艳丽。该葫芦瓶采用釉里红装饰，装饰满密繁缛，主题纹饰为折枝花果纹，寓意万物丰收，福气绵延。从装饰内容看，有花有果有蝙蝠，辅以如意云纹、回纹、变体花瓣纹等，寓意幸福，象征吉祥。葫芦底部有青花书写"大清乾隆年制"款识。乾隆釉里红以陈设器为主，装饰纹样大多为图案化形式。

　　"蝙蝠"寓意着福气，是人们对幸福生活的一种向往。《尚书》中有五福之说。[②]汉代桓谭《新论》中也有对五福的释义[③]。蝙蝠缠枝纹组合寓意着福气缠缠绵绵到永久，累累的硕果象征着丰收的喜悦，繁花似锦象征着太平盛世，这一切美好的画面体现了人们对幸福生活的追求。

　　现收藏于中国国家博物馆。

①　中国国家博物馆.中国国家博物馆馆藏文物研究丛书瓷器卷（清）[M].上海：上海古籍出版社，2007：124.
②③　田自秉，吴淑生，田青.中国纹样史[M].北京：高等教育出版社，2003：386.

31. 清乾隆　粉彩花卉纹螭耳瓶^①

　　清乾隆粉彩花卉纹螭耳瓶，主体采用玉壶春瓶形体，造型典雅，色彩丰富，层次分明。瓶撇口，长颈，双螭耳，溜肩，鼓腹，胫部内收，有圈足。该瓶装饰绿地粉彩，外口沿下有一周如意云肩纹，颈部装饰鱼纹、缠枝花卉纹，肩部装饰蕉叶纹。肩颈交接处装饰一圈张开翅膀正在舞蹈的蝙蝠纹，腹部中心位置为白地鲜花，盛开的菊花、牡丹花一丛又一丛，在白色胎釉的衬托下显得异常娇艳。绘画技法娴熟，花卉枝叶描绘精细，色彩鲜艳协调，层次丰富，甚是美丽。胫部有一圈二方连续如意纹与口部相呼应，显得稳重端正。胫部装饰有二方连续花卉纹，足墙装饰一圈回纹。圈足外底有"大清乾隆年制"篆书款识。该瓶是乾隆时期粉彩器的典型器品。

　　现收藏于中国国家博物馆。

---

① 中国国家博物馆.中国国家博物馆馆藏文物研究丛书瓷器卷（清）[M].上海：上海古籍出版社，2007：136.

32.清乾隆　黄地粉彩番莲八吉祥纹藏草瓶①

　　清乾隆黄地粉彩番莲八吉祥纹藏草瓶，该造型仿照藏传佛教（即喇嘛教）供器藏草瓶的造型，形如宝塔，下承高足。该瓶造型秀美，色彩鲜艳，纹饰丰富，画工精细，是乾隆官窑精品。该瓶通体黄地粉彩描绘八吉祥、番莲和变体莲瓣纹等，器内壁、外底为松石绿釉地，外底上有"大清乾隆年制"篆书款识。

　　藏草瓶又称为"贲巴瓶"，"贲巴"是藏语"瓶"的译音，贲巴瓶即宝瓶，是八吉祥之一。在佛前供奉贲巴瓶，可插入吉祥草或孔雀翎。乾隆时期官窑烧造此类藏草瓶有不同的色地，至嘉庆时期仍有烧造。

　　现收藏于中国国家博物馆。

---

①　中国国家博物馆.中国国家博物馆馆藏文物研究丛书瓷器卷（清）[M].上海：上海古籍出版社，2007：140.

33.清乾隆　粉彩镂空八宝纹花盆①

　　清乾隆粉彩镂空八宝纹花盆，撇口，深腹，平底，有圈足外撇。该花盆口沿下有镂空（镂雕），形似如意纹，与下腹中装饰的如意纹形成呼应。外壁白地粉彩处描绘暗八仙纹、云彩、蝙蝠纹，绘制十分精致。近足处绘海水纹，深绿色海水衬托着浅色的浪花。该花盆的内壁、外底均施松石绿釉，显得低调贵气，外足底中心留一白色方块，上有青花"大清乾隆年制"款识。款识外围有四组粉彩装饰的变形夔凤纹，彩色为黄、红、蓝渐变，显得细腻雅致。此种足底款识周围有装饰的瓷器较为少见。此器造型别致，将彩绘、镂空装饰技法相结合，构图巧妙，工艺精湛，为乾隆粉彩器中罕见的艺术珍品。

　　现收藏于中国国家博物馆。

---

① 中国国家博物馆.中国国家博物馆馆藏文物研究丛书瓷器卷（清）[M].上海：上海古籍出版社，2007：154.

34. 清乾隆　斗彩团花纹缸①

　　清乾隆斗彩团花纹缸，直口，圆唇，深弧腹，至胫部渐收，玉璧底，足底内有
"大清乾隆年制"青花款识。缸内壁素洁无纹，白釉莹润。缸的外壁通体装饰斗彩纹
样，色彩鲜艳，对比强烈。口沿下一周边饰为海棠形连环开光纹，开光内绘制各式
花卉，开光外为青花地。第二层为二方连续如意纹。第三层为腹部主画面，四个圆
形留白是无形的开光，每个开光内有四组红彩番莲纹，除主纹之外还有以红、黄等
彩色绘制的四季花卉纹，枝叶繁密，五彩缤纷。团花外描绘了缠绕的花卉枝条，枝
蔓绕团花纹而形成装饰，连绵不断。从枝叶形态来看，受到海外植物装饰艺术影响，
略带西洋风，与中国传统装饰结合，华丽贵气。

　　清代，团花纹样流行，乾隆时期更是应用广泛。许之衡《饮流斋说瓷》云："至
乾隆以后喜作团彩，稍久风致矣，然于华丽之中别饶葱茜之致，足为清供雅品，弥
可宝贵也。"②该器物装饰与许之衡的描述几乎可以一一对应，是集成形、彩饰、焙
烧工艺之大成者，是乾隆斗彩华丽彩瓷之代表。

　　现收藏于中国国家博物馆。

①②　中国国家博物馆.中国国家博物馆馆藏文物研究丛书瓷器卷(清)[M].上海：上海古籍出版社，
2007：164.

35.清乾隆　粉彩镂空夔龙纹转心瓶①

　　清乾隆粉彩镂空夔龙纹转心瓶，瓶撇口，长颈，颈部有对称的螭耳一对，鼓腹，圈足外撇。该瓶的外壁底色有多种，瓶口为黄绿，颈部为深红，腹部为翠绿，近足处的深红色与颈部呼应。整体装饰极度繁缛，颈部装饰番莲、八宝纹，腹部的四组开光内镂雕双夔龙纹，开光外精细描绘缠枝番莲纹，胫部有夔龙纹装饰，内胆绘有云纹。瓶内壁、底部该转心瓶制作精工，装饰满密，色彩浓艳，此种瓷器技术可以称得上"巧夺天工"。外底有红彩书写的"大清乾隆年制"款识。

　　乾隆一朝，追求标新立异，转心瓶为创新的奇巧之物。转心瓶是根据陶车旋转原理制作而成，瓶体由外瓶、内瓶、底座分别烧造再组合而成。外瓶套于内瓶外，内瓶与底座有轴碗相连，通过外瓶镂雕花纹或者开光，内瓶转动时，透过外瓶镂空处可见内瓶的装饰。许之衡《饮流斋说瓷》中称转心瓶"乃内府珍赏殊品也"②。

　　现收藏于中国国家博物馆。

---

①② 中国国家博物馆.中国国家博物馆馆藏文物研究丛书瓷器卷（清）[M].上海：上海古籍出版社，2007：168.

36. 清乾隆　斗彩荷莲图鼓钉绣墩[①]

　　清乾隆斗彩荷莲图鼓钉绣墩，器身长圆，呈鼓形，顶面和地面形状基本一致，大小也相仿。鼓的腹部有四个云头组成的镂空装饰。墩的上下两头为红紫地轧道粉彩装饰，上有缠枝卷草纹装饰。腹部中心是天蓝色地，上有色彩丰富的夏日莲荷图。红的、红粉的、蓝粉的荷花与绿色、蓝色、紫色等深色的荷叶形成对比，水草丰茂，表现了一派美好的景象。主纹上下各有一周紫地金彩鼓钉，显得贵气，这是鼓凳常见的装饰。

　　明清时期，绣墩盛行。此绣墩采用多种瓷器装饰工艺制作而成，造型端庄古朴，装饰精美，层次丰富，为乾隆时期的典型代表作品。

　　现收藏于北京故宫博物院。

---

①　故宫博物院.故宫陶瓷图典［M］.北京：紫禁城出版社,2010:269.

37.清乾隆　黑地绿彩缠枝莲纹梅瓶[①]

 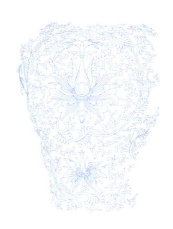

　　清乾隆黑地绿彩缠枝莲纹梅瓶，小口，卷唇，短颈，圆肩，至腹部逐渐收缩，胫部微微往内收缩，足部外撇。该梅瓶外表黑地绿彩，纹饰为绿色缠枝花卉纹，瓶内施松石绿釉。颈部绘朵花纹，肩部绘如意头纹，腹部有大朵的缠枝莲花纹，胫部绘二方连续变形莲瓣纹，在光洁透亮的釉色衬托下，显得十分高雅贵气。圈足内施松石绿釉，外底中心留白署青花篆体"大清乾隆年制"款识。

　　现收藏于北京故宫博物院。

①　故宫博物院.故宫陶瓷图典[M].北京:紫禁城出版社,2010:270.

38.清乾隆　黄地紫绿彩勾莲纹瓶[①]

　　清乾隆黄地紫绿彩勾莲纹瓶，撇口，长颈，丰肩，鼓腹，至胫部收缩，足部外撇，有圈足。瓶内及圈足内外表均采用黄釉涂饰，瓶外壁为黄釉为地，上有紫红、草绿植物纹样装饰，细腻精致。瓶口沿下描绘了紫红彩如意云纹，颈部以紫红、绿彩描绘缠枝花纹，颈肩相接处绘紫、绿相间的朵花纹，肩部以绿彩描绘如意头纹，腹部以紫红、绿彩描绘相间排列的折枝勾莲纹四组。折枝勾莲纹花冠略大，枝叶柔软、缠绕、扭曲，显得生机勃勃。胫部近足处有装饰变形莲瓣纹。足外底处暗刻阴文"大清乾隆年制"篆体款识。

　　现收藏于北京故宫博物院。

---

①　故宫博物院.故宫陶瓷图典［M］.北京：紫禁城出版社,2010:217.

39.清乾隆 瓷胎洋彩锦上添花红地茶碗一对①

清乾隆瓷胎洋彩锦上添花红地茶碗，敞口，弧腹，有圈足。碗内施白釉，外壁紫红锦地，上有折枝花卉纹装饰。内里白釉上绘制桃、石榴、佛手折枝果实纹，纹饰刻画写实。外壁为紫红地上锥剔凤尾形卷草锦纹，上有彩绘折枝西洋花草藤蔓纹四组，花冠为牡丹花式样，枝叶为缠绕植物纹，叶片带有巴洛克装饰风格。该茶碗胎体较薄，白皙透光，底为白釉，上有青花书写"大清乾隆年制"篆书款识。

现收藏于台北故宫博物院。

① 廖宝秀.华丽彩瓷：乾隆洋彩［M］.台北：台北故宫博物院,2008：44.

40. 清乾隆　瓷胎洋彩锦上添花茶盅一对①

　　清乾隆瓷胎洋彩锦上添花红地茶盅一对，敞口，深弧壁，矮圈足。盅内施白釉无花纹，瓷质细腻透亮。盅的外壁紫红锦地锥剔卷草锦纹，上有彩绘折枝西洋花草藤蔓纹，三朵洋花，花冠、叶片大体呈对称状，工整细腻，色彩娇嫩柔美，是精品之作。此类茶盅是用来品茗的器具，在清宫《活计档》或《陈设档》均有相关记载。《活计档》称之为"洋彩锦上添花红地洋花茶圆"。《陈设档》称之为"洋彩红地锦上添花茶盅"。

　　现收藏于台北故宫博物院。

---

①　廖宝秀.华丽彩瓷:乾隆洋彩[M].台北:台北故宫博物院,2008:46-47.

41.清乾隆　瓷胎洋彩翠地锦上添花茶盅[①]

　　清乾隆瓷胎洋彩翠地锦上添花茶盅，撇口，弧壁，深腹，有圈足。盅内施白釉，细腻莹润，盅心有两枝折枝花果，一枝开着白色的玉兰花，另一枝挂缀着红色的桃果。外壁为翠色锦上添花，装饰有锥剔"卍"字形花纹。采用植物柔软的枝条与如意云纹组合形成开光，开光内中心处为变形花卉纹，花冠呈对称状，花瓣柔软，两旁是对称的白色折枝花卉作为轮廓分界，画面饱满。整体显得端庄沉稳，又具有富贵之气。清宫《活计档》有"洋彩翠地锦上添花茶碗"，可能指此类瓷器。

　　现收藏于台北故宫博物院。

①　廖宝秀.华丽彩瓷:乾隆洋彩[M].台北:台北故宫博物院,2008:49.

42.清乾隆　瓷胎洋彩锦上添花茶壶[①]

清乾隆瓷胎洋彩锦上添花茶壶，有盖，有流，有柄，平底，圈足外撇。壶装饰繁缛满密，色调浓艳，外壁为紫红色锦上添花，壶盖装饰有四组花卉，壶身装饰如意云纹、盛开的花朵、柔软的枝条，装饰色彩有红白渐变、蓝白渐变、绿白渐变等，绘制十分精致细腻，整体显得端庄沉稳，又具有富贵之气。底部绿松石色上有蓝料"乾隆年制"篆书款识。

现收藏于台北故宫博物院。

① 廖宝秀.华丽彩瓷:乾隆洋彩[M].台北:台北故宫博物院,2008:50-51.

43.清乾隆　瓷胎洋彩黄地锦上添花海棠式托盘①

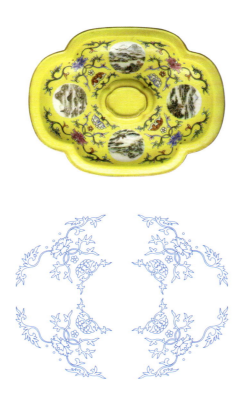

　　清乾隆瓷胎洋彩黄地锦上添花海棠式托盘，折沿，浅壁，圈足。盘外形为海棠花式，呈上下左右对称状。盘外壁为黄地锥剔凤尾形卷草锦纹，工艺非常精细。盘中心有海棠花轮廓式托圈，盘内底装饰有四处圆形开光，内绘山水美景。开光外是缠枝纹装饰，枝叶舒展，花卉、枝叶晕染细腻，颇为精彩。口、足等棱角处装饰金彩。该托盘是清宫宫廷造型形制，足底有"乾隆年制"款识。

　　现收藏于台北故宫博物院。

① 廖宝秀.华丽彩瓷:乾隆洋彩[M].台北:台北故宫博物院,2008:57.

44.清乾隆　瓷胎洋彩红地锦上添花海棠式托盘①

　　清乾隆瓷胎洋彩红地锦上添花海棠式托盘，折沿，浅壁，圈足。盘外形为海棠花式，呈上下左右对称状。盘外壁为红地锥剔凤尾形卷草锦纹，工艺非常精细。盘中心有海棠花轮廓式托圈，盘内底装饰有四处圆形开光，内绘山水美景。开光外是缠枝纹装饰，枝叶舒展，花卉、枝叶晕染细腻，颇为精彩。口、足等棱角处装饰金彩。该托盘与前器均属清宫宫廷造式形制，足底有"乾隆年制"款识。

　　现收藏于台北故宫博物院。

①　廖宝秀.华丽彩瓷:乾隆洋彩[M].台北:台北故宫博物院,2008:58.

45. 清乾隆　瓷胎洋彩红地锦上添花葵花式杯盘一套①

　　清乾隆瓷胎洋彩红地锦上添花葵花式托盘，折沿，浅壁，圈足。盘外形为五瓣葵花花卉形，花瓣轮廓均勾金线，花瓣内描绘折枝花卉纹。盘外壁为红地锥剔凤尾形卷草锦纹，工艺非常精细。盘中心有圆形轮廓式双层托圈。口、足等棱角处装饰金彩。该托盘与前器均属清宫宫廷造式形制，足底有"乾隆年制"款识。

　　杯，撇口，深腹，圈足，外壁描绘红地锥剔凤尾形卷草纹锦，上描绘五组折枝花卉纹，细腻精致。与托盘是一套，属于清宫宫廷用瓷。

　　现收藏于台北故宫博物院。

①　廖宝秀.华丽彩瓷：乾隆洋彩［M］.台北：台北故宫博物院，2008：60-61.

46.清乾隆　瓷胎洋彩红地锦上添花圆杯盘一套①

　　清乾隆瓷胎洋彩红地锦上添花圆杯盘一套，折沿，浅壁，圈足。盘外形为圆形，轮廓勾金线。盘外壁均装饰红地锥剔凤尾形卷草锦纹，工艺非常精细。盘口沿第一层为一圈二方连续卷草纹，盘内第二层有四个圆形开光，内绘山水景色图，开光外是折枝莲花纹。盘中心有圆形轮廓式托圈，用来托放杯子。口、足等棱角处装饰金彩。该托盘与前器均属清宫宫廷造式形制，足底有"乾隆年制"款识。

　　杯的口沿微撇，深腹，圈足，外壁描绘红地锥剔凤尾形卷草纹锦，上面描绘两组圆形开光，开光彩绘山水景色图，开光外有折枝花卉纹，细腻精致。与托盘是一套，属于清宫宫廷用瓷。

　　现收藏于台北故宫博物院。

---

①　廖宝秀.华丽彩瓷:乾隆洋彩[M].台北:台北故宫博物院,2008:62-63.

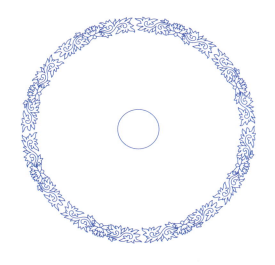

47.清乾隆　瓷胎洋彩红地团花山水汤碗①

　　清乾隆瓷胎洋彩红地团花山水汤碗，敞口，弧壁，圈足，形制较小，制作精美。碗内白底无纹，瓷质细腻洁白，釉色莹润。碗外壁装饰红地锥剔凤尾形卷草锦纹，饰有四个圆形开光，分别彩绘四季山水图，开光间装饰折枝花卉纹。碗外底有"大清乾隆年制"款识。

　　现收藏于台北故宫博物院。

①　廖宝秀.华丽彩瓷:乾隆洋彩[M].台北:台北故宫博物院,2008:65.

48.清乾隆　瓷胎洋彩锦上添花有盖唾盂①

　　清乾隆瓷胎洋彩锦上添花有盖唾盂，盂圆口，折沿较宽，直腹，平底，底部微凹。碗外壁装饰红地锥剔凤尾形卷草锦纹，上有各种纹饰，称之为"锦上添花"。盖为拱起状，装饰有五组蝙蝠如意花卉纹，有五福临门的吉祥之意。折沿处装饰有黄地二方连续花卉纹。外立壁为一组二方连续卷草花卉纹，细腻精致，显得十分贵气。器内及底部皆施松石绿釉，底部有青花书写"大清乾隆年制"篆书款识。乾隆六年的《活计档》所记载"洋彩红地锦上添花连环如意五蝠有盖唾盂一件"，应是此物。

　　现收藏于台北故宫博物院。

---

①　廖宝秀.华丽彩瓷:乾隆洋彩[M].台北:台北故宫博物院,2008:80-81.

49.清乾隆　瓷胎洋彩锦上添花海棠式瓶^①

　　清乾隆瓷胎洋彩锦上添花海棠式瓶，整器以海棠花式做造型，口为海棠花式，颈略粗，两侧有耳，丰肩，鼓腹，至胫部略微收缩，有圈足，呈花瓣形。瓶外壁装饰红地锥剔凤尾形卷草锦纹，上有各种纹饰。植物纹饰相互缠绕，基本呈对称形，枝条柔软缠绕，寓意着无限的勃勃生机。肩与腹部有蝙蝠纹，胫部有被枝叶缠绕着的"寿"纹，上下呼应，寓意着福气绵延，万寿无疆。圈足底部轮廓有金线勾勒，并有"大清乾隆年制"款识。葫芦形组合的缠枝叶纹与蝙蝠或"寿"字纹结合者有万福长春、"万寿长春"的吉祥寓意。乾隆六年配匣时《活计档》记载名称为"洋彩红地锦上添花海棠瓶"，乾隆七年五月配文锦座时名称又被登记为"洋彩锦上添花万福长春海棠瓶"。

　　现收藏于台北故宫博物院。

①　廖宝秀.华丽彩瓷：乾隆洋彩[M].台北：台北故宫博物院,2008：82-83.

50.清乾隆　瓷胎洋彩锦上添花挂瓶①

　　清乾隆瓷胎洋彩锦上添花挂瓶，瓶口微撇，卷唇，颈部略细，左右有一对螭耳，溜肩，腹部鼓起，至胫部收缩，足部为双层圈足。瓶内为白釉，外壁装饰红地锥剔凤尾形卷草锦纹，上有各种纹饰。卷唇为金色，颈上部为一圈花卉纹，颈部为叶纹、藤蔓纹，颈腹连接处为吉祥云间纹，腹部为缠枝花卉纹，整体呈对称状，花冠较大，花瓣与叶纹形似但略肥，枝叶柔软，近底处有蕉叶纹，圈足两层中、足底边缘各绘制金线一圈，与唇口呼应。瓶底白地上有青花"乾隆年制"篆书款识。乾隆六年十二月《活计档》制作记录中有记载。

　　现收藏于台北故宫博物院。

---

①　廖宝秀.华丽彩瓷：乾隆洋彩［M］.台北：台北故宫博物院，2008：85.

51.清乾隆　青花缠枝莲托八宝纹大罐①

　　清乾隆青花缠枝莲托八宝纹大罐，敞口，粗颈，丰肩，鼓腹渐敛，至胫部收缩，圈足外撇。该罐胎质细腻，釉色莹润，器表布满青花纹饰，共有六层纹饰，布局合理。口沿下为波涛海水纹，颈部为缠枝莲花纹，肩部为二方连续花卉纹。腹部装饰有缠枝莲托八吉祥纹饰，第一层为八宝纹，下面两层为缠枝莲花纹。胫部装饰变形莲瓣纹，圈足上绘有波涛海水纹，与口沿处纹饰进行呼应。足底部有"大清乾隆年制"篆书款识，此种字体作为款识比较少见。该器属重器，器型规整，釉光温润，釉面肥厚，形体硕大，纹饰精美，是景德镇官窑烧造的精品之作。

　　乾隆时期，八吉祥纹和莲花常常相配作为组合图案，带有较浓厚的宗教色彩。这种八吉祥纹，较早出现于元代，流行于明清时期，布局排列有一定的规律，清代的八吉祥纹按轮、螺、伞、盖、花、瓶、鱼、肠顺序排列。轮象征着生命不息，螺象征着好运常在，伞象征着保护众生平安，盖象征着净化世界、无病无灾，莲花象征着纯洁万物，瓶象征着福智圆满，鱼象征着健康活泼，肠代表着长命百岁，永无穷尽。

　　现收藏于台北故宫博物院。

---

①　震旦文教基金会编辑委员会.青花瓷鉴赏[M].台北:财团法人震旦文教基金会,2008:206-207.

52.清乾隆　青花铜镶口缠枝花卉赏瓶^①

　　清乾隆青花铜镶口缠枝花卉赏瓶，瓶撇口，长颈，肩有凸起弦纹，圆腹，圈足略高，微向外撇。该瓶的上部口沿、颈部均用铜进行了镶嵌，其他部位均为青花装饰，描绘细腻。颈部绘蕉叶纹、回纹，肩部装饰二方连续缠枝莲花纹、云肩纹，腹部主体图案为青花缠枝莲纹，胫部近足处为变形莲瓣纹，足上描绘缠枝卷草纹。该赏瓶造型端庄，瓷质细腻，釉色莹润，纹饰精美，青花浓郁，是标准的官窑器物。清代皇帝有特制赏瓶用来赏赐有功之臣的习惯，赏瓶的形制有一定的规范。

　　现收藏于台北故宫博物院。

① 　震旦文教基金会编辑委员会.青花瓷鉴赏[M].台北:财团法人震旦文教基金会,2008:222-223.

53.清乾隆 瓷胎洋彩诗意轿瓶①

　　清乾隆瓷胎洋彩诗意轿瓶，半面扁方圆瓶形，撇口梯形，颈部较粗，颈上有变形凤耳，椭圆腹，有撇足。该瓶为开光瓶，颈部、腹部均有开光且形态非常有特色。颈部的开光为缠枝茎叶构成的葫芦形，葫芦形内上有墨书"乾隆御题"四字篆书款识，下有蝙蝠纹。腹部开光有墨书写乾隆七年《咏挂瓶》御制诗一首。外壁通体施黄釉色为底，上绘各式洋花，口沿下、胫足相连处描绘缠枝莲花纹，蝙蝠在花丛中飞舞。背部平地全部色彩为黄色。口沿、足沿描饰金边。底旁两侧有穿孔，可作固定悬挂之用。梯形器底及内底颈饰湖绿色釉，内长方形留白框内青花书写"大清乾隆年制"篆书款识。

　　现收藏于台北故宫博物院。

---

① 廖宝秀.华丽彩瓷:乾隆洋彩[M].台北:台北故宫博物院,2008:86-87.

54.清乾隆 瓷胎洋彩红翠地锦上添花双安天盘口双圆瓶①

　　清乾隆瓷胎洋彩红翠地锦上添花双安天盘口双圆瓶，天盘口，直壁转折斜下，长颈，双扁圆腹前后错开相连，内部连通，足部有长方形矮圈足。该瓶的口足处各为黄蓝地，上有几何纹、卷草纹装饰。瓶身主要装饰色彩为洋红与翠蓝釉，不同部位交叉为地，上锥剔凤尾形卷草锦纹。腹部中间为圆形开光，开光内各绘制两幅吉祥图样，前面瓶子的开光绘制有金穗、鹌鹑、水仙等，后面的开光绘制有喜鹊、梅花、灵芝，有"喜上眉梢""岁岁平安""芝仙长寿"之意。开光外绘制有西洋花卉纹，花大叶卷，在锦地上颇为贵气明显。瓶双底留白框内青花各书写"大清乾隆年制"篆书款识。

　　现收藏于台北故宫博物院。

① 廖宝秀.华丽彩瓷：乾隆洋彩［M］.台北：台北故宫博物院,2008：89.

55.清乾隆　瓷胎洋彩锦上添花喜相逢双环腰圆瓶①

清乾隆瓷胎洋彩锦上添花喜相逢双环腰圆瓶，瓶敞口，粗颈，溜肩，鼓腹，至胫部收缩至足，圈足外撇。颈部两侧有耳，且耳中套环。从上到下，用金线区分每一部分，颈上绘二方连续缠枝纹，花冠较大呈对称形，腹部装饰纹样主要为"喜相逢"，此种"喜相逢"为"蝶恋花"，盛开的花朵，闭合的花苞，飞舞的蝴蝶，布局疏密有致，显得既富贵又雅致。口、足及凸棱弦纹加金色涂饰。花卉装饰上均体现了明暗、亮光、阴影，器底留白处书写青花"大清乾隆年制"篆书款识。

现收藏于台北故宫博物院。

---

①　廖宝秀.华丽彩瓷:乾隆洋彩[M].台北:台北故宫博物院,2008:91.

56.清乾隆　瓷胎洋彩锦上添花烛台一对①

　　清乾隆瓷胎洋彩锦上添花烛台一对，烛台分三层，每层由承盘接合。该烛台遍体均施洋红料锥剔卷草纹锦地。上有洋菊花、番莲纹等。中间承盘上白地墨书乾隆九年二月《咏花瓷书灯》御制诗一首。全器口部、足部和各层纹饰间均加饰金彩，底部则为湖绿色釉。足底有白圈，青花内书"乾隆年制"四字篆书款。此类带有乾隆御制诗文的烛台，清宫一般称之为"书灯"，放在书房做陈设之用，造型与五供之烛台相似，但用途不同。

　　现收藏于台北故宫博物院。

---

① 　廖宝秀.华丽彩瓷：乾隆洋彩[M].台北：台北故宫博物院，2008：97-98.

57.清乾隆　瓷胎洋彩番莲花纸鎚瓶[①]

　　清乾隆瓷胎洋彩番莲花纸鎚瓶，圆直口，长颈，斜肩，硕圆腹，矮圈足。胎薄轻巧，瓶内及底均施浅绿色釉，器表施白釉。口沿、足底描绘金色一圈。颈部和腹部分别有色彩缤纷的百花纹一圈，纹饰主题有荷花、牡丹、洋菊、番莲纹等，叶片呈弯曲状，相互缠绕，显示了一派生机勃勃的景象。内颈部和足底施松石绿釉，底心白框内青花书写"大清乾隆年制"篆书款识。

　　现收藏于台北故宫博物院。

①　廖宝秀.华丽彩瓷:乾隆洋彩[M].台北:台北故宫博物院,2008:99.

58.清乾隆　青花福庆连连八方瓶^①

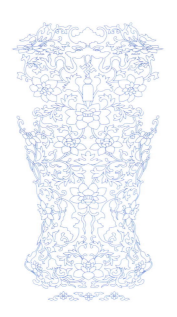

清乾隆青花福庆连连八方瓶，口沿往外翻折，颈部略短，肩部平缓，腹部深长且上宽下窄，腹底朝外扩出，底下有圈足。该瓶胎质细腻，釉色莹润，青花发色纯正，纹样精致细腻。从造型上来说，呈八方形，其八边为四个宽边间隔四个窄边的形式，窄边部分犹如截角一般，软化了方形器身的刚硬，产生迂回转折的视觉效果，配合平肩、收下腰的曲线变化，营造出优雅高挑的美感。

该八方瓶表面的青花纹满密装饰，口沿下方环绕一圈如意云头纹，足墙则以上下相倒的花卉纹为饰。颈部和腹部绘画满满的缠枝莲纹，莲花之间穿插折腰磬与蝙蝠，利用蝠、磬、莲花三者的谐音，寓意着"福庆连连"，祝福着福气绵延。瓶身花纹依"中央轴线、左右对称"的形式布局，层次井然，繁中有序，青花色泽蓝中带灰，整体呈现富贵典雅、沉稳祥和的氛围。足底书写"大清乾隆年制"篆书款识，字体端庄精美，为典型的官窑款式，是乾隆一朝的精品制作。

现收藏于台北故宫博物院。

---

① 震旦文教基金会编辑委员会.青花瓷鉴赏[M].台北:财团法人震旦文教基金会,2008:211-213.

59.清乾隆　瓷胎洋彩金番莲花青地纸鎚瓶①

　　清乾隆瓷胎洋彩金番莲花青地纸鎚瓶，圆直口，长颈，斜肩，硕圆腹，矮圈足。器内为白釉，瓷质细腻，釉色莹润。器表以藏青色为地，上有用金色勾勒的六层纹样。第一层口沿下和第三层颈腹交界处有二方连续几何纹。第二层颈部中间描绘有盛开的莲花，第三层腹部描绘着牡丹、莲花、芍药等缠枝纹，线条细密、流畅、优雅，花冠较大，其中花蕊强调突出，花瓣、叶片形成双重、三重勾勒，线条既繁杂又统一，在雍容华贵、金碧辉煌中带来了些许轻松、愉悦之感。胫部近足处有变形莲瓣纹，足墙上描绘有二方连续卷草纹。口沿、足底均描绘金边，器内、底均施白釉，底心青花书写"大清乾隆年制"篆书款识。

　　现收藏于台北故宫博物院。

①　廖宝秀.华丽彩瓷：乾隆洋彩［M］.台北：台北故宫博物院,2008：100.

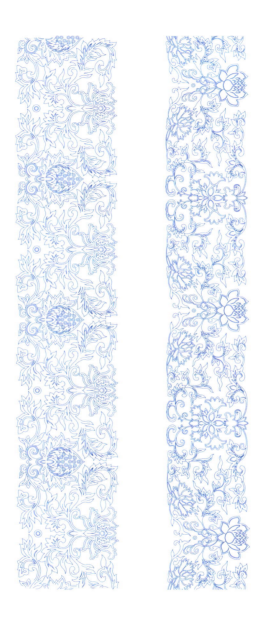

60.清乾隆　瓷胎洋彩白地番莲纸鎚瓶①

　　清乾隆瓷胎洋彩白地番莲纸鎚瓶，圆直口，长颈，斜肩，硕圆腹，矮圈足。该瓶胎体较为轻薄，瓶内及底施浅绿色釉，器外表施白釉。口、颈、底为红地描金如意形锦地纹。口、颈处的如意锦地纹上描绘了加彩绘磬纹、团寿纹及璎珞纹。颈部装饰了番莲朵花，腹部主纹为四组蓝白渐变、红白渐变的同心并蒂番莲花，近足处如意纹锦地上描绘了焦叶纹，圈足画朵花一圈。口沿、足底描金一圈。足底外有"大清乾隆年制"青花篆书款识。该瓶造型典雅，形制端庄，色彩丰富，纹样细腻，是乾隆时期精品之作。

　　并蒂莲有"花中君子"之称，形态为花开两朵，茎秆一枝。古籍《青阳渡》《全芳备祖》《群芳谱》《宋书·符瑞志》等中有对"并蒂莲"的记载，有同心、同根、同福、同生的吉祥之意。

　　现收藏于台北故宫博物院。

①　廖宝秀.华丽彩瓷：乾隆洋彩［M］.台北：台北故宫博物院,2008：101.

61.清乾隆　瓷胎洋彩黄地锦上添花纸鎚瓶①

　　清乾隆瓷胎洋彩黄地锦上添花纸鎚瓶，圆直口，长颈，斜肩，硕圆腹，矮圈足。该瓶胎体较为轻薄，瓶内及底施松石绿釉，器外表施明黄釉。口、颈、底各绘粉红地描金如意形锦地纹。口、颈处的如意纹锦地上描绘了加彩绘磬纹、团寿纹及璎珞纹。颈部装饰了番莲朵花，腹部主纹为四组蓝白渐变、红白渐变的同心并蒂番莲花，近足处如意纹锦地上描绘了焦叶纹，圈足画朵花一圈。口沿、足底描金一圈。足底外有"大清乾隆年制"青花篆书款识。该瓶造型典雅，形制端庄，色彩丰富，纹样细腻，是乾隆时期精品之作。与上一纸鎚瓶乃是同一系列。

　　现收藏于台北故宫博物院。

① 廖宝秀.华丽彩瓷：乾隆洋彩[M].台北：台北故宫博物院,2008：102-103.

62.清乾隆　瓷胎洋彩红地锦上添花纸槌瓶[①]

　　清乾隆瓷胎洋彩红地锦上添花纸槌瓶，圆直口，长颈，斜肩，硕圆腹，矮圈足。该瓶胎体较为轻薄，瓶内及底施浅绿色釉，器外表施紫红釉锦地。口沿和底部有金色勾线一圈。口沿下为白色底，上有小花瓣装饰，勾蓝色边缘线。颈部中间描绘有盛开的莲花纹，呈对称状，枝叶柔软缠绕。颈腹交界处描绘有蓝边如意纹，上有小花卉点缀。腹部主纹为四组蓝白渐变、红白渐变的同心并蒂莲荷纹，枝叶向四周伸展、缠绕。近足处有浪花纹，排列细密精致。足底外有"大清乾隆年制"青花篆书款识。该纸槌瓶造型端庄，色彩厚重，纹饰细腻，是乾隆时期精品之作。

　　现收藏于台北故宫博物院。

①　廖宝秀.华丽彩瓷:乾隆洋彩[M].台北:台北故宫博物院,2008:104-105.

63. 清乾隆　瓷胎洋彩黄地福寿纸槌瓶①

　　清乾隆瓷胎洋彩黄地福寿纸槌瓶，卷唇，长颈，圆鼓腹，圈足外撇。该纸槌瓶的外壁全部装饰为黄地，上有珐琅彩绘缠枝番莲纹。口沿、足沿处描绘有金边。颈部两连弧叶纹内绘"卐"字纹、蝙蝠纹、番莲纹，寓意"万福连连"。圆腹上有橘红色变形如意纹，上有绿色卷草纹交缠，呈现开光形式。内有"寿"字纹、蝙蝠、番莲纹，开光两侧亦是此类纹样，寓意"福寿绵延"。口沿、肩颈、底边各有红地描金纹饰、联珠纹、红地锦上添花纹数道。内壁及足底为绿松石釉。足底中间有"乾隆年制"款识。

　　现收藏于台北故宫博物院。

① 廖宝秀.华丽彩瓷：乾隆洋彩[M].台北：台北故宫博物院，2008：112-113.

64. 清乾隆　瓷胎洋彩瑞芝洋花蝉纹罇一对①

　　清乾隆瓷胎洋彩瑞芝洋花蝉纹罇一对，造型仿青铜器，显得端庄敦厚。该罇敞口折沿，宽颈，斜折肩，腹部较硕大，至胫部收缩，凹足。罇的内、足底为湖绿色釉，外表面施白釉，上有珐琅彩描绘纹饰，纹样极其繁复细腻，晕染层层递进，精工细描。颈部描绘如意云纹、蕉叶纹等，肩上有缠枝番莲纹和联结纹。腹部主纹描绘了灵芝及洋花四组，形态各异，呈树枝状，描绘细腻精致。口、足及部分装饰描金。足底留白框内书青花"大清乾隆年制"款识。

　　现收藏于台北故宫博物院。

---

①　廖宝秀.华丽彩瓷：乾隆洋彩[M].台北：台北故宫博物院,2008：114-115.

65.清乾隆　瓷胎洋彩黄地洋花方瓶[①]

　　清乾隆瓷胎洋彩黄地洋花方瓶，形为方槌形，直口，长颈，硕腹，平底浅凹方足。瓶内壁和足底为浅湖绿色釉，外表通体施黄釉为地，上面装饰各种花卉，"繁花似锦"。采用洋彩绘制的银莲花、洋菊、番莲、铁线莲、百合、罂粟、牵牛花、蝴蝶花、蔷薇、石竹、忍冬、豆花等十数种花卉汇聚一瓶，可谓是百花齐放，争妍斗彩。口沿、足沿装饰金边。足底白框内青花书写"大清乾隆年制"篆书款识。

　　现收藏于台北故宫博物院。

① 　廖宝秀.华丽彩瓷：乾隆洋彩[M].台北：台北故宫博物院，2008：118-119.

66.清乾隆　瓷胎洋彩黄地蕉叶花觚[①]

　　清乾隆瓷胎洋彩黄地蕉叶花觚，仿铜觚造型，喇叭形口，长颈，小鼓腹，胫部外撇，平底，矮圈足。该花觚器内与底施松石绿釉，全器外表施珐琅彩，纹饰精美，描绘细腻工整，黄地上绘缠枝番莲花、蕉叶、几何式花卉等纹样。花觚中间绘制白底蕉叶花卉纹，腹部有一凸起，凸起处绘制花卉纹。口沿、腹部及底足各加描金线四道。外足底中间有"乾隆年制"篆书款识。

　　现收藏于台北故宫博物院。

①　廖宝秀.华丽彩瓷:乾隆洋彩[M].台北:台北故宫博物院,2008:120-121.

67.清乾隆　瓷胎洋彩黄地蕉叶美人花觚①

　　清乾隆瓷胎洋彩黄地蕉叶美人花觚，仿铜觚造型，喇叭形口，长颈，小鼓腹，胫部外撇，平底，矮圈足。该花觚器内与底施浅湖绿色，全器外表施珐琅彩，纹饰精美，描绘细腻工整，黄地上绘缠枝番莲花、蕉叶、几何式花卉等纹样。花觚中间绘制棕色底蕉叶花卉纹，腹部有一凸起，凸起处绘制黄色花卉纹。口沿、腹部及底足各加描金线四道。外足底中间有"乾隆年制"篆书款识。此器与上一花觚类似，属同一批器物。现收藏于台北故宫博物院。

① 　廖宝秀.华丽彩瓷：乾隆洋彩［M］.台北：台北故宫博物院，2008：122-123.

68. 清乾隆　瓷胎画珐琅蕉叶花觚①

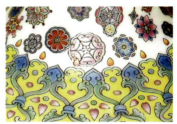

　　清乾隆瓷胎画珐琅蕉叶花觚，仿铜觚造型，喇叭形口，长颈，小鼓腹，胫部外撇，平底，矮圈足。该花觚器内、外为白色釉，器表有各式纹样，以单独的花卉纹最为丰富，纹饰精美，描绘细腻工整。花觚中间绘制淡绿色蕉叶纹，腹部有一凸起，凸起处绘制蓝色缠绕螭龙纹。足底内白地上有蓝料书写"乾隆年制"篆书款识。清宫《活计档》中有对此器物进行配匣和架座的记录。

　　现收藏于台北故宫博物院。

①　廖宝秀.华丽彩瓷：乾隆洋彩[M].台北：台北故宫博物院,2008：124-125.

69.清乾隆　瓷胎洋彩玉环蒜头瓶①

清乾隆瓷胎洋彩玉环蒜头瓶，长颈，削肩，圆腹，圈足。瓶内壁及圈足内施底施浅湖绿色，通体以金彩绘锦纹为地，口沿处为金色一圈，口沿下为如意纹，颈部中间有一腰带纹，上下均有花卉纹，腹部有开光，绘各式缠枝花卉，色彩艳丽。口、足、颈部装饰多道弦纹金彩，愈显金碧辉煌，华贵典雅。瓶外底有"乾隆年制"篆书款识。

蒜头瓶，因瓶口形似蒜头而得名。宋时，就有蒜头瓶样式。明清时，该样式烧造数量颇大。清代蒜头瓶造型风格较为轻盈秀美。从品种上来说，有青花、五彩、粉彩以及蓝釉、酱釉等各种单色釉品种。

现收藏于台北故宫博物院。

---

①　廖宝秀.华丽彩瓷：乾隆洋彩[M].台北：台北故宫博物院,2008：126-127.

70. 清乾隆　瓷胎洋彩米色观音瓶①

　　清乾隆瓷胎洋彩米色观音瓶，瓶撇口，短颈，斜肩，圈足外撇。该观音瓶为米色地，满饰纹样。颈部装饰六朵起伏云头纹，内饰蓝地卷草朵花锦地纹。肩部为红蓝绿三色缠枝卷草纹。腹部主纹描绘了一大一小交缠的如意云纹，大的如意云纹内描绘三色番莲纹，小如意圈内则装饰朵花、圈点纹。胫部有变形莲瓣纹装饰。圈足为红地金彩朵花纹。口部、足部的边线均描绘金彩。瓶底有"大清乾隆年制"篆书款识。

　　观音瓶主要流行于清代康熙至乾隆时期，清宫造办处称这类造型为观音瓶。此类米色观音瓶，大多以金彩绘轮廓边缘，纹饰图案明显受到西洋风装饰及绘画影响，风格华丽，尤其各种纹饰均以珐琅白料点染光影亮点，表现明暗立体制区别，这种技法与西洋景物画如出一辙。

　　现收藏于台北故宫博物院。

---

①　廖宝秀.华丽彩瓷：乾隆洋彩[M].台北：台北故宫博物院，2008：128-129.

71.清乾隆 瓷胎洋彩番花观音瓶[①]

清乾隆瓷胎洋彩番花观音瓶，撇口，细颈，斜肩，圆弧腹，撇足。通体施米黄釉，口足处为珐琅红地金彩卷草纹，口沿下有白地蓝料如意纹，颈部有各色圆珠璎珞纹一周，圆珠均以珐琅白料点饰，显示受光亮点，明暗效果明显。颈肩部装饰红地金彩落花流水纹且描画白地浅蓝锦上添花如意纹一周。腹部的主纹为四组缠枝番莲纹，花大叶小，花冠呈对称状，叶呈卷草纹样式。胫部有变形莲瓣纹，圈足上有一周如意云纹。足底上有金彩书写"大清乾隆年制"篆书款识。金彩的六字篆书款识较少见于洋彩。根据《活计档》记载，此为乾隆七年所制。转枝叶上纹饰和白色光点，意思为西洋绘画中的明暗表现。

现收藏于台北故宫博物院。

① 廖宝秀.华丽彩瓷：乾隆洋彩[M].台北：台北故宫博物院,2008：131-132.

72.清乾隆　瓷胎洋彩翠地锦上添花观音瓶①

　　清乾隆瓷胎洋彩翠地锦上添花观音瓶，撇口，细颈，丰肩，圆弧腹，至胫部向内收缩，撇足。该瓶胎体轻薄，体形修长，通体为蓝地上锥剔细密如丝的卷草锦纹，颈部、腹部上有洋彩花卉进行精细描绘与塑造。颈部装饰洋花一圈，腹部装饰转枝银莲花、洋菊花叶纹。茎叶尾端圈点和蕊瓣上均以珐琅白料点染光点，光点位置、大小、明暗表现圆状物体受光以及立体现象。口、足均描绘细金边一圈。器颈内与足底均施松石绿釉。足底有书写"乾隆年制"篆书款识。

　　现收藏于台北故宫博物院。

①　廖宝秀.华丽彩瓷：乾隆洋彩［M］.台北：台北故宫博物院，2008：132-133.

73. 清乾隆　瓷胎洋彩红地锦上添花胆瓶①

　　清乾隆瓷胎洋彩红地锦上添花胆瓶，形如胆状。口微撇，直颈，椭圆腹，至胫部收缩，浅圈足。该瓶均以洋红锥剔卷草纹为地，上有花卉纹样装饰。颈部、腹部分为两段式彩绘转枝洋莲花、洋菊花装饰，采用白色晕染花瓣，叶片以珐琅白料染边，表现出西洋的光影明暗技法。瓶内、足底施松石绿釉，足底有"乾隆年制"篆书款识。

　　现收藏于台北故宫博物院。

①　廖宝秀.华丽彩瓷：乾隆洋彩［M］.台北：台北故宫博物院，2008：134-135.

74.清乾隆 瓷胎洋彩红地锦上添花胆瓶一对①

　　清乾隆瓷胎洋彩红地锦上添花胆瓶一对，胆瓶形制。乾隆五年、六年中的瓷胎画珐琅器中亦见相同的胆瓶造型。外壁为洋红地上锥剔卷草锦纹，其上再装饰各类花卉纹，如洋菊、金莲花、牡丹、萱花、百合等，蝙蝠在花丛中飞舞。瓶底及内颈施松石绿釉，底心蓝料书写"乾隆年制"篆书款识，外加双框框。

　　这对红地锦上添花胆瓶除了同一部位的蝙蝠釉色略有区别，其他画面装饰基本类似，纹饰繁复细腻。叶尖均染白边，花蕊有白色圈点提亮，这是白色珐琅点饰光点及模仿西洋绘画的光影明暗技法。

　　现收藏于台北故宫博物院。

---

①　廖宝秀.华丽彩瓷：乾隆洋彩[M].台北：台北故宫博物院，2008：137.

75.清乾隆　瓷胎洋彩三多三果胆瓶[①]

清乾隆瓷胎洋彩三多三果胆瓶，小口，长颈，腹垂如胆，有圈足。瓶体主纹绘三组与灵芝纹组合的吉祥三果纹，有桃实、石榴、荔枝，纹饰之间各有三只蝙蝠飞翔其上；颈间亦饰三果灵芝纹，口与肩部之间，分绘花朵、如意、仰覆蕉叶纹等四道；底边及足边则彩绘莲瓣及转枝花叶纹，口足满施金彩，纹饰之间及蕉叶茎脉亦描绘金彩。器内颈及足底均施松石绿釉，足底部蓝料书"乾隆年制"篆书款识。

在中国传统文化中，桃的果实有着生育、吉祥、长寿的象征意义，是图腾崇拜、生殖崇拜等原始信仰的传承与发展，人们赋予"桃"镇鬼避邪、多子多福、益寿延年的寓意。

清宫《陈设档》有关于"瓷胎洋彩三多三果胆瓶"的记录。乾隆七年八月有关于这对胆瓶配匣座的记录，木匣上有刻写此记录相同的名称。此类洋彩胆瓶大多制作于乾隆六年至七年之间，器型大约相同，纹饰多样，但是一般一种装饰制作一对，极其珍贵。

现收藏于台北故宫博物院。

① 廖宝秀.华丽彩瓷:乾隆洋彩[M].台北:台北故宫博物院,2008:142.

76.清乾隆　瓷胎洋彩花卉胆瓶①

清乾隆瓷胎洋彩花卉胆瓶，小口，长颈，圈足，腹垂如胆，因而得名。该瓶用描金锦花纹作地，腹部有三开光，开光内描绘篮花，花篮内分别有牡丹、菊花及秋葵等折枝花卉。开光之外加饰各式描金绣球花及蟠桃、方胜等纹饰。内颈及底部均施松石绿釉，底心白地上书写着"乾隆年制"四字蓝料款识。此瓶制作于乾隆七年，清宫档案《活计档》中名称为"洋彩四季花胆瓶"。

宋代，我国工艺美术品装饰中已经采用篮花装饰。明清时期，篮花时常作为器物的装饰，在瓷器装饰中是一类重要题材。

现收藏于台北故宫博物院。

① 廖宝秀.华丽彩瓷：乾隆洋彩［M］.台北：台北故宫博物院,2008：144-145.

77.清乾隆　瓷胎洋彩翠地锦上添花玉环胆瓶^①

清乾隆瓷胎洋彩翠地锦上添花玉环胆瓶，小口，长颈，腹垂如胆，有圈足。该瓶通体以翠兰色为地，上面锥剔有卷草锦纹。腹部有三开光，其上各绘如意连圈纹，以菊叶纹绕圈为饰。开光内装饰篮花，篮中花卉为洋花、洋菊，整体呈对称状。口沿、肩处装饰有飘带纹，深浅橘红地上装饰连环花纹。胫部有变形莲瓣纹，器内及底部均施松石绿釉。足外底有蓝料书写"乾隆年制"篆书款识。

清宫《陈设档》上有同名记载。在《活计档》中称之为"瓷胎洋彩翠地锦上添花玉环如意洋花胆瓶"，与纹饰的布置相同，应该是按照纹饰命名。但在《活计档》登记漆座、配匣时登记的名称略有不同。

现收藏于台北故宫博物院。

---

①　廖宝秀.华丽彩瓷：乾隆洋彩［M］.台北：台北故宫博物院,2008：148-149.

78.清乾隆　瓷胎洋彩金番花蓝地胆瓶①

　　清乾隆瓷胎洋彩金番花蓝地胆瓶，小口，长颈，圈足，腹垂如胆，被称胆瓶。该瓶通体霁蓝釉色，以金彩描绘纹饰，口沿为卷草纹，颈部为璎珞纹及变形蝉纹，肩膀饰朵菊纹及如意云纹各一道，瓶的腹部主要绘制缠枝莲纹，底边绘莲瓣纹一周。瓶底白地上青花书写"大清乾隆年制"篆书款识。

　　清宫档案《活计档》上记载了乾隆八年配匣入乾清宫。元代时，我国瓷器已有钴蓝地金彩装饰。乾隆早期，霁蓝地上绘"洋金彩"开始流行。此类技法我国传统称为"金彩"，清代称为"洋金洋彩"。

　　现收藏于台北故宫博物院。

---

①　廖宝秀.华丽彩瓷:乾隆洋彩[M].台北:台北故宫博物院,2008:151.

79.清乾隆　瓷胎洋彩人物胆瓶一对

　　清乾隆瓷胎洋彩人物胆瓶一对，形制同前，小口，长颈，圈足，腹垂如胆，有圈足。该瓶为开光瓶，整体呈现粉色系。口沿各以蓝料画万字锦花纹，颈部彩绘黄地四团花卉纹一道。腹部有两面圆形开光，各以交缠相向的如意云纹、夔龙纹为外框，内绘驾于云间的各种人物，其中十八罗汉图像生动自然。口沿、颈肩交叉处有带状纹饰。开光外绘制洋红彩绘缠枝莲锦纹。胫部近足处有如意云纹一圈。足外底有"乾隆年制"楷书款识。这一对瓶构图、纹饰相同，但是十八罗汉面貌、表情各不一样，所用珐琅色料在十二种以上，人物描绘精细，肢体均采用西洋明暗技法，神态自若，画稿应该来自宫廷画家。清宫《活计档》《陈设档》《点查报告》均有对此物的记载，名称各不一致。

　　现收藏于台北故宫博物院。

①　廖宝秀.华丽彩瓷：乾隆洋彩［M］.台北：台北故宫博物院,2008：152.

80.清乾隆　瓷胎洋彩锦上添花山水诗意方瓶[①]

　　清乾隆瓷胎洋彩锦上添花山水诗意方瓶，长方瓶，瓶身四面开光外，余隙均作紫红地锦上添花洋花纹饰，洋花有洋莲及洋菊等。四处开光内分别绘画春夏秋冬四景山水，春景明媚，夏景苍翠，秋景气爽，冬景苍茫。四景均有提诗和盖章。口沿描金，内颈部和足底施松石绿釉，底心留白框内青花书"大清乾隆年制"篆书款识。此器在清宫《活计档》中有记载。

　　现收藏于台北故宫博物院。

①　廖宝秀.华丽彩瓷：乾隆洋彩[M].台北：台北故宫博物院,2008:9.

81.清乾隆　瓷胎洋彩御制诗方笔筒^①

　　清乾隆瓷胎洋彩御制诗方笔筒，呈长方形倭角，直壁深腹，平底，下接四矩形足。通体施白釉，外壁有四处开光，框线均以金彩勾描。开光内用墨书写隶书体乾隆御诗《燕山八景诗》中的四景诗《蓟门烟树》《卢沟晓月》《居庸叠翠》《金台夕照》。诗尾再用红料书写"乾""隆""御""制""惟""精""惟""一"朱白印文。开光之外，以半透明的白色釉料敷底，再用蓝色釉料描绘卷草图案花，显得十分秀气雅致。整器胎体匀厚，口沿、矩形四足均有金彩装饰，足底有"大清乾隆年制"款识。此件方笔筒在乾隆七年《活计档》中有记载。

　　现收藏于台北故宫博物院。

①　廖宝秀.华丽彩瓷:乾隆洋彩[M].台北:台北故宫博物院,2008:177.

82.清乾隆　瓷胎洋彩西洋人物山水火镰盒①

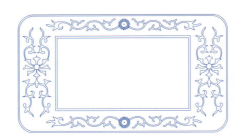

　　清乾隆瓷胎洋彩西洋人物山水火镰盒，整体呈长方形，分器身与盖两部分，子母口，盖及器身两侧各有两个穿带孔，平底，凹足。该火镰盒的外表仿制金属地，装饰有捶打的鱼子纹，上有描金花叶纹。火镰盒的器身有四面开光，开光内彩绘西洋山水人物嬉戏图、教堂建筑图，风格写实，细腻精致。器内、底部施松石绿釉，外底有"大清乾隆年制"篆书款识。此盒制作精巧，既可实用又可供赏玩。

　　现收藏于台北故宫博物院。

---

①　廖宝秀.华丽彩瓷:乾隆洋彩[M].台北:台北故宫博物院,2008:186.

83.清乾隆　瓷胎洋彩万年甲子笔筒一对[①]

　　清乾隆瓷胎洋彩万年甲子笔筒一对,直筒形,口足出沿如镶边,笔筒壁上下可以转动。该笔筒器身通体以蓝料绘卷草锦地纹,上有葫芦花、葫芦果、葫芦藤、葫芦叶。葫芦的上瓢书写"万年""甲子"及十天干,下段为十二地支,可上下旋转配合,可以变换一甲子六十年,故名甲子笔筒。笔筒内壁及足底施松石绿釉,底心有"乾隆年制"篆书款识。

　　清宫档案记录,乾隆八年(1742年)十二月唐英的奏折上写道:"于十月内在窑厂办理瓷务,因是时工匠皆齐集,复敬谨造得万年甲子笔筒一对,循环如意,幅辏连绵,工匠人等以开春正当甲子(1743年)万年之始,悉皆欢腾踊跃。"[②]唐英适逢甲子年到来之前,特制作甲子笔筒一对作为贺礼。葫芦、藤蔓与循环的甲子轮历,寓意着"瓜瓞绵延""循环如意""幅辏连绵"等吉祥如意的美好愿望。

　　现收藏于台北故宫博物院。

①②　廖宝秀.华丽彩瓷:乾隆洋彩[M].台北:台北故宫博物院,2008:190.

84. 清乾隆　瓷胎洋彩翠地山水诗意双喜罇①

　　清乾隆瓷胎洋彩翠地山水诗意双喜罇，撇口，粗颈，颈部附垂带双喜耳，圆腹，有圈足。该罇总体造型仿青铜器，烧制时分成三段接合。上段口部和下段腹部不能旋转，中段可以旋转。口足、器腹装饰有翠蓝地锦上添花纹。颈部为黄地彩绘洋菊及花叶双圈纹，每层纹饰内的璎珞或洋花蕊心的圆珠均以白珐琅料提亮形成光点，这是西洋明暗立体绘画技法的应用。腹部有圆形开光，开光内绘春夏秋冬四景图，上有隶、楷、行、篆四种字体的乾隆皇子时代缩写的诗文四首，并有钤印。口沿下六火焰圈内装饰变体洋菊纹。腹部底纹上有洋菊、洋莲、洋花装饰。颈内、足底均施松石绿釉。足外底有"大清乾隆年制"篆书款识。清宫《活计档》中记载为乾隆八年五月配匣入乾清宫。北京故宫博物院、台北故宫博物院均有收藏相同器物。

　　现收藏于台北故宫博物院。

①　廖宝秀.华丽彩瓷：乾隆洋彩[M].台北：台北故宫博物院，2008：192-193.

85.清乾隆　瓷胎洋彩锦上添花玲珑胆瓶^①

　　清乾隆瓷胎洋彩锦上添花玲珑胆瓶，撇口折沿，颈略宽，胆腹，腹部有双层，外镂空，平底，有凹足。该胆瓶主要分成两段装饰，上段颈肩部装饰有洋红地锥剔卷草藤纹，上面装饰有洋菊、洋莲、蕉叶及璎珞纹等。下段为冬青地镂雕描金蟠螭纹。内瓶腹部描绘仿宣德青花缠枝莲花纹。口沿、肩颈部各有圈带纹装饰。胫部近足处装饰锦上添花蕉叶纹。圈足上有黄地如意云头纹一道。口足处均涂金彩。器内颈及足底均施松石绿釉。足外底用青花书写"大清乾隆年制"篆书款识。

　　双层镂空套瓶的最早造型可以追溯到新石器时代，官窑器上杭州老虎洞南宋官窑瓷器则已经普遍流行。乾隆时期的此类镂空套瓶造型巧妙，技法多样，乃不可多得的精品之作。

　　现收藏于台北故宫博物院。

①　廖宝秀.华丽彩瓷：乾隆洋彩［M］.台北：台北故宫博物院，2008：198-199.

86. 清乾隆　瓷胎洋彩锦上添花玲珑套瓶①

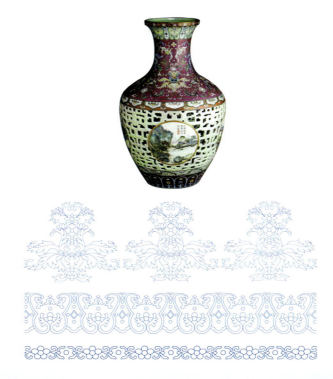

　　清乾隆瓷胎洋彩锦上添花玲珑套瓶，撇口，宽颈，斜肩，肩以下渐敛，腹部有双层，内实，外镂空，平底，凹足。该锦上添花玲珑套瓶，技法繁复，镂空地上加饰四团四季山水画，并以行、楷、隶、篆四体画乾隆皇子时期御诗及钤印。口沿绘红地金彩锦地朵花纹一圈。口沿下装饰一组对称卷草纹单位形的二方连续。外层器外壁分上下两段装饰，上段颈肩为洋红地锥剔卷草锦纹，上绘四组洋花、洋草，茎叶细长，枝叶缠绕。下段腹部以冬青地镂雕蟠螭纹为地，有四处圆形开光，内绘四季山水人物画。此类题材在当时的开光装饰中是常见题材。腹部上下各有一层锦地装饰，肩腹交界处的变形如意纹中，装饰小花卉。腹与颈部装饰缠枝卷草纹。内瓶的腹部描画仿宣德式样的青花缠枝莲纹，透过外瓶，可见内瓶。胫部有红锦地变形莲瓣纹一道。口沿处及开光轮廓圈均涂金彩。颈内、足底外部均施松石绿釉。足底有留白青花书"大清乾隆年制"篆书款识。

　　现收藏于台北故宫博物院。

①　廖宝秀. 华丽彩瓷：乾隆洋彩 [M]. 台北：台北故宫博物院，2008：201.

87.清乾隆　瓷胎洋彩三多诗意轿瓶^①

　　清乾隆瓷胎洋彩三多诗意轿瓶，瓶体为半面扁圆形，口为三直管孔，带双夔龙耳，矮圈足。瓶面中心白地墨书乾隆八年御诗《挂瓶叠前韵》。环诗文一周是镂空彩绘双凤洋莲花纹，镂空处可以看见内胆为白地青花花卉纹，故名夹宣，有夹仿宣德青花的意思。瓶的两侧为黄地锥剔凤尾卷草纹，其上描绘洋花。口沿、足沿均有金彩描边。背底足边两侧有孔，可以用来固定轿瓶。湖绿釉半月形底内写青花"乾隆年制"款识。《活计档》上记载的名称为"洋彩黄地锦上添花夹宣三多轿瓶"。

　　现收藏于台北故宫博物院。

① 廖宝秀.华丽彩瓷：乾隆洋彩［M］.台北：台北故宫博物院,2008：202-203.

88. 清乾隆　瓷胎洋彩八卦如意转旋瓶^①

　　清乾隆瓷胎洋彩八卦如意转旋瓶，撇口，短颈，筒腹，撇足。瓶身共分为四段，圈足、器身、内胆、颈部，应是分别烧制后再通过榫卯结构组装而成。该瓶可转动，造型厚重，色彩清丽，纹饰满密。颈部有洋红锥剔锦上添花，上有卷草纹构成的如意纹。外层腹部雕镂四组如意云纹，间隔处装饰凸起的八卦纹，空隙处彩绘变形番莲纹、银莲花等各种洋花洋草图案纹。内瓶为洋红锥剔锦上添花，转动外瓶，透过镂空如意纹，可见内瓶装饰。器外底有青花书写"大清乾隆年制"篆书款识。

　　此类旋转瓶为乾隆八年至十年唐英特为乾隆皇帝制作的新式品种。技法复杂，样式奇巧。这种镂空旋转瓶，颈部皆可以旋转，只要转动瓶颈，内瓶随之转动，透过镂空处可以看见内部套瓶的纹样，富有趣味。明清时期，装饰有八卦纹的瓶子，一般称为蓍草瓶。《活计档》上所记载的名称为"洋彩冬青玲珑如意元（圆）式蓍草瓶"。蓍草瓶又称八卦瓶。蓍草为多年生草本植物，古人取其茎来作为占卜吉凶祸福的工具。

　　现收藏于台北故宫博物院。

---

①　廖宝秀. 华丽彩瓷：乾隆洋彩［M］. 台北：台北故宫博物院，2008：205.

89.清乾隆　瓷胎洋彩黄锦地乾坤交泰转旋瓶[①]

　　清乾隆瓷胎洋彩黄锦地乾坤交泰转旋瓶，侈口，颈较短，鼓腹，撇足。全器由瓶颈部、内瓶、上腹、下腹四部分组成。除口沿下，外瓶通体施珐琅黄釉，上锥剔卷草纹，再采用明暗技法彩绘洋莲、洋菊、蕉叶、朵花等。上腹和下腹交界处为四朵相互交错套合的如意云纹，上下之间有些微小空隙可做移动，形成"交泰"瓶式。如意云纹内镂雕八卦纹饰，透过镂空处，可见内瓶装饰。外瓶与外瓶套合在颈间凸棱处，当手转动瓶颈时，内瓶亦会旋转，透过外瓶镂空处可见内瓶上青花番莲纹饰。口、足、如意云纹、八卦等边沿均描绘金边。颈内、足底施松石绿釉。足外底书写"大清乾隆年制"篆书款识。乾隆九年《活计档》记载名称为"洋彩黄锦地乾坤交泰转旋瓶"。

　　该瓶为监陶官唐英在乾隆八至九年时期的别出心裁之作，制作工艺复杂，瓶子构造复杂，集雕镂、转心、套合、交泰等技法于一体，不仅展示高超的制作技术，亦有赞颂乾隆盛世天地相交，上下互通，寓国泰民安之意。

　　现收藏于台北故宫博物院。

①　廖宝秀.华丽彩瓷：乾隆洋彩[M].台北：台北故宫博物院，2008：206-207.

90.清乾隆　瓷胎洋彩青地金花鱼游春水瓶①

①　廖宝秀.华丽彩瓷:乾隆洋彩[M].台北:台北故宫博物院,2008:208-209.

　　清乾隆瓷胎洋彩青地金花鱼游春水瓶，此瓶为分段烧造而成，分为内外两个部分，转动颈部，可使内瓶转动，透过开光处就可见彩色金鱼追逐落花的游水趣味。内瓶唇口，长颈，斜肩，直腹，平底。外瓶直口为莲瓣形，斜肩，收腹，足外撇。外瓶自莲瓣口下开始斜肩，于斜肩处与内瓶合二为一，肩上有四个环，腹部有四处海棠菱形镂空开光，透过镂空可见内瓶图案。内瓶通体施松石绿釉为地，上有珐琅彩游鱼、水藻及落花等。该瓶外通体为钴蓝地，上面用金彩描绘番莲纹、如意璎珞纹、变形莲瓣纹、几何花卉纹等。瓶内颈、足底处为松石绿釉。足外底书写"大清乾隆年制"篆书款识。该瓶制作奇巧，镂空旋转，外瓶装饰金碧辉煌带有豪华奢侈之感，内瓶绘金鱼戏水，颇有自然情趣，巧妙生动。

　　此种式样为乾隆八年前后唐英制作的九种新样式之一。唐英之后，景德镇官窑很难再烧制出此类精美绝世之作。

　　现收藏于台北故宫博物院。

91.清乾隆　瓷胎洋彩玲珑旋转冠架①

　　清乾隆瓷胎洋彩玲珑旋转冠架，包括镂空的球形香薰、盘形承柱（内有承柱）、中段镂空瓶腹、底座及双活环等五部分。香薰为镂空的圆球形，上面装饰有雕刻的双龙戏球，穿插云纹。双龙一红一黑描绘金彩，显得华丽威严，香薰顶上有个圆形镂空，有盖子，盖子装饰有双蝠捧寿纹，并有描金回纹一圈。承柱形似高足盘的盘柱子，莲瓣口，弧壁，上有描金彩绘莲花瓣，下有三阶形柱体与体内的承柱为一体。里面的承柱也绘制珊瑚地加金彩番莲纹。中间的小腹部为镂空瓶形，瓶颈部套着两个金色活环。瓶腹部为镂雕彩绘蝴蝶菊花纹。底部承座的外沿为黄锦地洋菊花，内为红锦地转枝洋莲及莲瓣纹一圈。足底和边线均有金彩装饰。内底有"大清乾隆年制"篆书。

　　冠架为清宫皇室置帽而设计，材质多种多样。该帽架构思巧妙，集镂空、转心、活环、锦上添花等技法于一体，不仅展示了匠人们高超的技术，也充分体现了设计者的巧妙心思。镂空的冠架不仅可以放置帽子，还可以放香料熏香，转动赏玩，多功能一体化，巧夺天工。乾隆九年《活计档》记载曾经制作两对，一对藏于乾清宫，一对藏于养心殿。本图片中展示的为养心殿所藏。

　　现收藏于台北故宫博物院。

---

①　廖宝秀.华丽彩瓷：乾隆洋彩[M].台北：台北故宫博物院,2008：212-213.

92.清乾隆　瓷胎画珐琅锦上添花黄地茶盅一对①

　　清乾隆瓷胎画珐琅锦上添花黄地茶盅一对，撇口，弧壁，圈足。瓷器内白釉，以胭脂红料绘制山水，外壁黄地绘制锥剔龟甲锦地纹，上绘有四处团花"寿"字纹，团花之间间隔莲托八吉祥纹样中的四宝。吉祥八宝，分成两只碗进行装饰。一件为法轮、宝伞、海螺、盘长，另外一件为双鱼、白盖、莲花、宝瓶，八吉祥合成一对。茶盅底部蓝料书写"乾隆年制"款识。

　　现收藏于台北故宫博物院。

① 廖宝秀.华丽彩瓷：乾隆洋彩［M］.台北：台北故宫博物院,2008：222-223.

93.清乾隆　瓷胎画珐琅锦上添花蓝地茶盅①

　　清乾隆瓷胎画珐琅锦上添花蓝地茶盅，撇口，弧壁，圈足。器身外部为蓝色，上有规则的几何纹样为底部花纹。变形的莲花纹样装饰一圈，花冠为红色，共有 5 瓣，每瓣中间为白色，并有小圆点形成线状排列。藤蔓纹极其简洁，藤蔓中间发叉处有红色花苞，线条挺拔，颇有力量。足底部有"乾隆年制"楷书款识。

　　此茶盅在乾隆时的《活计档》中有记载，乾隆六年十一月配匣入乾清宫。乾清宫共有两对类似瓷器，应该是同时期制造的。

　　现收藏于台北故宫博物院。

---

①　廖宝秀.华丽彩瓷:乾隆洋彩[M].台北:台北故宫博物院,2008:224-225.

94.清乾隆　瓷胎画珐琅锦上添花黄地茶碗①

　　清乾隆瓷胎画珐琅锦上添花黄地茶碗，撇口，弧壁，圈足。外壁为黄色锦地。其上彩绘八连弧番莲纹，番莲纹变形比较明显。莲心上绘制如意纹，并有"寿"字。底旁为竖立的卷草纹。器内心绘制月季、灵芝、兰花、野菊等折枝花卉。口、足留出白色弦纹一道。胎骨匀厚，洁白细腻。碗底有蓝色书写"乾隆年制"楷书款识。此类茶器为观赏器，一般很少实际使用。

　　现收藏于台北故宫博物院。

①　廖宝秀.华丽彩瓷：乾隆洋彩［M］.台北：台北故宫博物院,2008：226.

95. 清乾隆　瓷胎画珐琅绿地锦上添花碗①

　　清乾隆瓷胎画珐琅绿地锦上添花碗，敞口，矮弧壁，圈足。外壁通体浅绿色珐琅釉，其上锥剔锦地花纹。口足部分各剔绘回文与卷草，外腹部上有四组番莲花卉纹。碗内中心绘制荷花与石榴。口足有白色弦纹一道。胎薄透光。底部有蓝色书写"乾隆年制"楷书款识。此碗在《活计档》中记载为乾隆六年所制。

　　现收藏于台北故宫博物院。

①　廖宝秀.华丽彩瓷：乾隆洋彩[M].台北：台北故宫博物院,2008:234.

96.清乾隆　瓷胎画珐琅黄地锦上添花三寸碟一对①

　　清乾隆瓷胎画珐琅黄地锦上添花三寸碟一对，敞口，矮弧壁，圈足。盘中心白底彩绘桂花、鸡冠花、淡竹叶等三种花卉，并有提诗，诗为明代刘崧《题超上人墨菊》中的一句"露香秋色浅深中"，且有"高致"和"秋水"二印。外壁为黄地锥剔方弧绣球及莲瓣锦纹，上有缠枝莲花纹，野菊花、萱花等。从这一对三寸碟来看，构成元素类似，布局不同，但锦上添花纹饰细腻精致，显示了瓷胎珐琅彩对锦地纹饰的追求和讲究。

　　现收藏于台北故宫博物院。

---

①　廖宝秀.华丽彩瓷：乾隆洋彩[M].台北：台北故宫博物院,2008:235.

97.清乾隆　八年瓷胎画珐琅花鸟四寸碟[①]

　　清乾隆八年瓷胎画珐琅花鸟四寸碟，外壁施珐琅彩蓝釉，盘中心为珐琅彩绘制的蓝冠绶带鸟停在海棠树枝上。盘沿有均分的三处开光，内绘胭脂红山水人物画，间隔处为黄地洋花，盘的口沿处为金色的边缘。胎薄体轻。盘底用蓝料书写"乾隆年制"四字楷书。乾隆八年三月《活计档》曾记载"瓷胎珐琅花鸟碟一对"配匣入乾清宫，上图所示应该就是其中一只四寸碟。

　　现收藏于台北故宫博物院。

① 　廖宝秀.华丽彩瓷：乾隆洋彩[M].台北：台北故宫博物院,2008：238-239.

98.清乾隆　粉彩长方形盖盒[①]

　　清乾隆粉彩长方形盖盒，有盖有底，长方体形制，圆角，底部微微内凹，呈双圈足状。盒身分隔成两部分，一部分容量较大，可作水洗用，另一部分分隔成三部分，上各附一带钮盖，可供调色用。盒盖顶部、盒身上部为黄釉作地，上有粉彩装饰缠枝花卉纹。盖沿、盖侧面、盒下部用胭脂色作地，锥剔纤细凤尾纹（轧道工艺），再彩绘各式折枝花果纹。盒内、底及盖里均施松石绿釉，每一部分的沿口用金彩涂饰。盒外底有"大清乾隆年制"篆书款识。该盒是清宫精致的文房用具。

　　现收藏于上海博物馆。

①　上海博物馆官网。

99.清乾隆　斗彩勾莲纹"寿"字葫芦瓶①

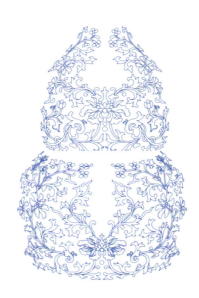

　　清乾隆斗彩勾莲纹"寿"字葫芦瓶，瓶呈葫芦形，小口，短颈，双腹，上腹小，下腹大，束腰，有圈足。该葫芦瓶通体采用斗彩装饰，口沿下、腰部上下装饰有彩色，束腰处为二方连续回纹，近足处有变形莲瓣纹，双腹为缠枝莲花纹，采用对称的构图方式，严谨端庄，描绘细腻。其上装饰红蝠、篆体"寿"字纹，寓意福寿绵延。足外底有"大清乾隆年制"篆书款识。

　　现收藏于北京故宫博物院。

___

① 北京故宫博物院官网.

100.清乾隆 珐琅彩勾莲纹象耳瓶①

　　清乾隆珐琅彩勾莲纹象耳瓶，撇口，短颈较粗，圆腹，圈足外撇。肩部两侧有对称的鎏金象耳衔环铺首。该瓶外壁满饰锦纹，上有多层花卉缠枝纹装饰，色彩丰富，繁缛华丽。花冠多呈对称形态，花瓣、叶片均有受西方洋花洋彩绘制影响，带有外来的装饰风格。口沿、颈部、腹部、足部用金色绘制七道弦纹，将缠枝花卉纹分层装饰。瓶内壁、外底施松石绿釉。足外底有青花"乾隆年制"篆书款识。

　　现收藏于北京故宫博物院。

---

① 北京故宫博物院官网.

101.清嘉庆　青花龙凤纹双螭耳瓶①

　　清嘉庆青花龙凤纹双螭耳瓶，瓶撇口，长颈，鼓腹，足部外撇。颈部装饰对称螭耳。该螭耳瓶遍体装饰青花，装饰主题为传统的龙凤穿花纹，龙凤飞舞穿梭在盛开的牡丹花丛中，构图紧密，描绘细致。边饰纹样有变形莲瓣纹、如意云纹、回纹等。外底有青花描写"大清嘉庆年制"篆书款识。

　　嘉庆时期的瓷器装饰风格大多都传承传统，造型创新式样少，纹饰也多采用寓意吉庆的图案，时代特色鲜明。

　　现收藏于中国国家博物馆。

---

①　中国国家博物馆.中国国家博物馆馆藏文物研究丛书瓷器卷（清）[M].上海：上海古籍出版社，2007：190.

102.清嘉庆 青花釉里红云鹤纹玉壶春瓶①

　　清嘉庆青花釉里红云鹤纹玉壶春瓶，撇口，粗颈，鼓腹，圈足。该玉壶春瓶采用青花釉里红绘制云鹤纹，仙鹤在云间穿梭飞舞，带有与仙界沟通的寓意。鹤为吉祥鸟类，寓意长寿，在装饰中有云鹤、团鹤、群鹤等表现形式。该玉壶春的辅助纹饰描绘非常精致，有蕉叶纹、卷草纹、如意云肩纹、变形莲瓣纹等。该玉壶春无款识铭文，但造型端庄，色彩纯正，属于精品之作。

　　现收藏于中国国家博物馆。

① 中国国家博物馆.中国国家博物馆馆藏文物研究丛书瓷器卷（清）[M].上海：上海古籍出版社，2007：191.

103.清嘉庆　青花缠枝花卉纹赏瓶①

　　清嘉庆青花缠枝花卉纹赏瓶，瓶撇口，长颈，肩凸起弦纹，圆腹，圈足略高微向外撇。该瓶主要装饰缠枝花卉纹，从瓶口至肩部装饰有波涛海水纹、如意云头纹、蕉叶纹、回纹、缠枝花卉纹。肩、腹之间有一圈二方连续如意云肩纹，在白釉的衬托下，显得十分精致。腹部装饰有大朵的缠枝花卉纹，花冠硕大，枝茎柔软纤细，叶片翻转有随风舞动之感。胫部近足处为变形莲瓣纹，圈足外墙有二方连续忍冬纹边饰。足外底部书写"大清嘉庆年制"篆书款识。此件赏瓶十分精致，是一件标准的景德镇官窑器。

　　赏瓶，听其名就知道其有赏赐功能。从雍正开始，直至宣统，清代皇帝喜好制作赏瓶用于赏赐有功之臣。皇室对赏瓶的形制规格有一定的要求。

　　现收藏于震旦艺术博物馆。

---

①　震旦文教基金会编辑委员会.青花瓷鉴赏[M].台北:财团法人震旦文教基金会,2008:224-225.

104.清嘉庆　粉彩凤穿花纹双联瓶^①

　　清嘉庆粉彩凤穿花纹双联瓶，撇口，粗颈，长圆腹，圈足。双联瓶是由两个不同形制的瓶交错相连，靠前的瓶子为黄绿色地装饰，后面的瓶子为深色紫红地装饰。靠前的小瓶子上绘制番莲纹，靠后的瓶子上绘制了莲花纹、凤穿花卉纹。隋代，瓷质的双联瓶已经开始烧造。其后双联瓶被称之为珠联瓶，有珠联璧合之意。清代雍正、乾隆时期多有烧制，还有三、四、五、六、七等多联瓶，甚至有九联瓶。此瓶模仿乾隆时期的粉彩器装饰，施彩艳丽，绘制精细，是精品之作。

　　现收藏于中国国家博物馆。

①　中国国家博物馆.中国国家博物馆馆藏文物研究丛书瓷器卷（清）[M].上海：上海古籍出版社，2007：194.

105.清嘉庆　紫地粉彩番莲纹镂空盘^①

　　清嘉庆紫地粉彩番莲纹镂空盘，盘折沿处镂空，弧壁，平底，有圈足。折沿处镂空为椭圆形小孔，绕盘一圈，具有立体的空间感。该镂空盘内外壁均施紫色釉，并装饰有粉彩缠枝番莲纹，纹饰满密繁缛，繁花似锦。圈足外底处施松石绿釉，上有红彩书写"大清嘉庆年制"篆书款识。清乾隆，此类形制的盘子开始烧制。嘉庆时期沿袭传统，造型新颖别致，乃精品制作。

　　现收藏于中国国家博物馆。

---

① 中国国家博物馆.中国国家博物馆馆藏文物研究丛书瓷器卷（清）[M].上海：上海古籍出版社，
2007：196-197.

106.清道光　粉彩耕织图鹿头尊①

　　清道光粉彩耕织图鹿头尊，收口，垂腹，圈足。肩部装饰对称夔耳。粉彩描绘"耕织图"，并书写墨诗（耕织诗）相配。足外底处有青花书写"大清乾隆年制"款识，但实际此鹿头尊为道光时期的瓷器。该尊仿制乾隆鹿头尊形制，形态稳重，但胎质较粗，款识书写不够规范。装饰纹样比较特殊，一般道光时期的粉彩鹿头尊大多描绘百鹿图，这一作品描绘耕织图，较为罕见。总体来说，绘制细腻，人物较生动形象，是清代粉彩器中的佳器。

　　耕织图，又称"农家乐""田家乐"。我国古代为农耕社会，重视农业，重视纺织。农业种植为"吃"，纺纱织布为"穿"。吃饱穿暖为百姓最基本的生存需求，因此历代统治者都非常重视，所以"耕织图"在历代均有描绘。康熙时期，耕织图开始绘制在瓷器上进行烧制，品种有青花、五彩等。乾隆官窑还烧造出了斗彩的耕织图瓷器。

　　现收藏于中国国家博物馆。

---

①　中国国家博物馆.中国国家博物馆馆藏文物研究丛书瓷器卷（清）[M].上海：上海古籍出版社，2007：204.

107.清道光　天蓝釉地描金彩缠枝莲纹三孔葫芦瓶①

　　清道光天蓝釉地描金彩缠枝莲纹三孔葫芦瓶，是三个葫芦形瓶粘合为一体，瓶腹相通，分别有三个口流，三连弧式圈足。该葫芦瓶通体施天蓝釉，这种色彩具有沉静典雅之美，配以金彩描绘纹饰，显得十分贵气。整器以缠枝莲花纹为主题，其间穿插点缀"卍"字、桃果纹、磬、结、蝙蝠等纹样，精致端庄，寓意"福乐长寿""万寿吉庆"。瓶底有"慎德堂制"楷书款识。

　　唐代，就有瓷质葫芦瓶出现，明代嘉靖时期葫芦瓶式样较多，清代数乾隆时期为最多。其中三孔葫芦瓶为乾隆时期首创，瓶体相连，制作奇巧。

　　现收藏于中国国家博物馆。

---

①　中国国家博物馆.中国国家博物馆馆藏文物研究丛书瓷器卷（清）[M].上海：上海古籍出版社，2007:210.

108.清道光　青花缠枝花卉纹赏瓶①

　　清道光青花缠枝花卉纹赏瓶，瓶口微撇，长颈，肩凸起弦纹，圆腹，圈足。该赏瓶器型端庄典雅，细腻光洁的白釉胎上满饰细腻的青花纹样。口沿下装饰海水纹、如意云肩纹，颈部装饰焦叶纹和二方连续回纹，肩部装饰一周缠枝花卉纹、如意云肩纹，腹部主纹为缠枝花卉纹，花大叶小，花朵描绘细腻，枝叶柔软缠绕，有随风飘动之感。胫部有变形莲瓣纹，足墙上装饰二方连续卷草纹。足外底部有青花书写"大清道光年制"篆书款识。此瓶是一件非常标准的官窑器。

　　赏瓶，听其名就知其意，主要用于赏赐。清雍正时开始出现，直至宣统才停止烧造。器型有清宫规定范式。清代皇帝常常特制赏瓶，用来赏赐有功大臣或者赠送他国来使。

　　现收藏于震旦艺术博物馆。

---

① 震旦文教基金会编辑委员会.青花瓷鉴赏[M].台北:财团法人震旦文教基金会,2008:226-227.

109.清咸丰　绿地粉彩开光花鸟纹方瓶[①]

　　清咸丰绿地粉彩开光花鸟纹方瓶，瓶呈四方形，撇口，方颈，折肩，腹部渐收，有方足。该方瓶外壁采用淡绿色粉彩作地，其上描绘缠枝花卉纹。颈部和腹部均有开光，颈部圆形开光，内为白釉地上彩绘四季花卉纹。腹部为方形开光，内绘花卉鸟兽等吉祥寓意纹样。瓶的内壁和外底施松石绿釉，外底部有矾红彩楷书"大清咸丰年制"楷书款识。这样的方瓶一般成对制作，是宫廷中的陈设用瓷。

　　现收藏于北京故宫博物院。

①　故宫博物院.故宫陶瓷图典[M].北京:紫禁城出版社,2010:290.

110. 清咸丰　斗彩描金缠枝花纹碗^①

　　清咸丰斗彩描金缠枝花纹碗，撇口，深弧腹，有圈足。碗为白釉地，碗内壁素洁无纹，外壁以斗彩加描金装饰。碗的外壁近口沿处描绘变形回纹，腹部描绘六朵缠枝花卉纹，花冠硕大，叶片柔软细小，枝茎细腻蜿蜒。每一个花冠均有青花轮廓线，其上再复勾金彩线。这种描线方式协调了色彩关系，避免了强烈的色彩对比，使鲜艳的斗彩显得柔和。近足处描绘有如意云头纹，也采用金线复勾。圈足外墙画有青花弦纹。外足底有用矾红彩书写"大清咸丰年制"楷书款识。

　　现收藏于北京故宫博物院。

---

① 故宫博物院.故宫陶瓷图典［M］.北京:紫禁城出版社,2010:291.

111. 清同治　淡黄地红蝠彩金团寿字盘[①]

　　清同治淡黄地红蝠彩金团寿字盘，敞口，浅弧壁，有圈足。该盘内壁为淡黄色釉，外壁为白色釉，盘的口沿涂一圈金彩。盘内装饰内容为蝙蝠、金彩团"寿"字、蓝料彩描金"卍"字等，共有 29 个团"寿"字、24 个蝙蝠、12 个"卍"字，祈祷万寿无疆、福寿万年，在黄色地的衬托下显得分外吉祥喜庆。外壁描绘了三组五彩折枝花纹，色彩渐变丰富，画风较为轻松。盘的外底有红彩书写"同治年制"楷体款识。此盘属于同治十一年（1872 年）同治皇帝大婚用瓷。

　　现收藏于北京故宫博物院。

---

①　故宫博物院.故宫陶瓷图典[M].北京:紫禁城出版社,2010:293.

112.清同治　青花竹石芭蕉纹玉壶春瓶[①]

　　清同治青花竹石芭蕉纹玉壶春瓶，撇口，长颈，圆腹下垂，圈足略高微微外撇。口沿及颈上部无纹，显得素洁，颈下部描绘蕉叶纹，肩部描绘卷草纹和变形如意头纹，这是常见的玉壶春瓶颈部的装饰画法。腹部为竹石芭蕉纹，翠竹、芭蕉、洞石、花草和栏杆构成了一幅美妙的装饰画，近底处绘变形莲瓣，足外墙上绘制朵花纹。此瓶造型优美，相比前朝的变化之处在于颈变粗短，腹部加大，这是清代晚期玉壶春瓶的标准式样。

　　现收藏于震旦艺术博物馆。

① 　震旦文教基金会编辑委员会.青花瓷鉴赏[M].台北:财团法人震旦文教基金会,2008:231.

113.清光绪　粉彩龙凤穿花纹捧盒①

　　清光绪粉彩龙凤穿花纹捧盒，呈圆形状，鼓腹，子母口，有圈足，造型典型。该盒用粉彩描绘粉夔凤穿花纹，盒盖描绘红色夔凤，盒底描绘蓝色夔凤，夔凤的翅膀和尾翼与缠枝卷草纹相连接，这种画面与汉代丝绸上的缠枝卷草纹非常类似。盒的圈足外底部有"大清光绪年制"楷书款识。明清时期，此类凤纹与卷草植物组合纹样颇为流行，也有龙、凤、植物纹样组合在一起的案例。

　　现收藏于中国国家博物馆。

---

①　中国国家博物馆.中国国家博物馆馆藏文物研究丛书瓷器卷（清）[M].上海：上海古籍出版社，2007：221.

114.清光绪　青花缠枝花卉纹赏瓶[①]

　　清光绪青花缠枝花卉纹赏瓶，敞口，长颈至中段向内微束，斜肩，圈足微微外撇。青花纹饰布局满密，口沿处描绘了海水波涛纹、如意云头纹，颈部装饰有长蕉叶纹、二方连续回纹，肩部为缠枝花卉纹、如意云头纹，腹部为缠枝花卉纹，花大叶小，花瓣形成团状，枝茎细而柔软，叶片随风舞动。胫部装饰有变形莲瓣纹，圈足墙上装饰有一圈细腻的缠枝卷草纹。这些纹样均为常见的纹样，色调均匀单一，涂抹较为平均，没有色彩浓淡变化，显得有些呆板。圈足内书写"大清光绪年制"款识。

　　现收藏于震旦艺术博物馆。

---

①　震旦文教基金会编辑委员会.青花瓷鉴赏[M].台北:财团法人震旦文教基金会,2008:228-229.

115. 清宣统　斗彩暗八仙纹盘①

　　清宣统斗彩暗八仙纹盘，撇口，弧壁，平底，有圈足。该盘采用斗彩技法进行装饰，盘内装饰分为两层，中心为团花纹样，由花卉、桃实、枝叶组成，外围装饰一组暗八仙。明清时期，十分流行八仙人物和暗八仙器物装饰。盘外壁为折枝花卉纹。足外底有"大清宣统年制"楷书款识。清宣统时间比较短暂，瓷器生产数量不多，造型和纹饰都沿袭前朝，比较拘谨，鲜有创新之作。该瓷器应是模仿乾隆斗彩暗八仙纹盘，工艺较精致，可代表宣统时期的制瓷水平。

　　现收藏于中国国家博物馆。

---

① 中国国家博物馆. 中国国家博物馆馆藏文物研究丛书瓷器卷（清）［M］. 上海：上海古籍出版社，2007：222-223.

自 2012 年至今，我们团队从事中国瓷器缠枝纹装饰艺术的研究已持续十年之久。十年间，有思考，有收获，有反思……在这个过程中，我们时常被伟大的中华瓷器文明所折服，这种感受是我们一生的宝贵财富。在研究过程中，我们时常可以想象古代匠人们就是这样一笔一画地在这种"火与土"的器物上表达自己的艺术情感，而我们似乎正在体验这种情感，有时候不禁热泪盈眶，激动万分。真的，没有什么比这个更值得我们发出内心的光和热了。

此时此刻，本研究即将告一段落。回首往事，我们为自己走过的路感到欣慰，为取得的小小成就感到无比满足。虽然在历史的长河中，或许所有的付出仅仅是一粒尘埃，终将汇入时代的洪流，但这迈出的一小步，做出的一点点鲜有人关注的事情，对于我们来说内心十分满足。

中国是世界瓷器文明发源地。在中华瓷器文明的绵延发展中，我国瓷器拥有了丰富的文化内涵，千变万化的艺术造型，绚丽多姿的色彩，精美绝伦的装饰，向世界展示了独具中华民族特色的优秀文化。中国瓷器缠枝纹装饰审美艺术是我国古代不同历史时期的典型艺术代表，是中华民族不同阶段的政治、经济、生活的一种文化折射。

元代，游牧文化、西域文化与传统文化深度交融。元代缠枝纹整体装饰风格呈现出繁复满密的状态，缠枝牡丹、缠枝莲花、缠枝菊花是最主要的装饰题材。池塘小景、游鱼虫草、庭院风情、历史人物等表现丰富细腻，形成了元代独有的多民族融合的装饰风格。明代，吉祥文化高度发展，中外交流频繁，装饰艺术繁荣。明代瓷器缠枝纹母题丰富，造型多样，传承创新了中国传统纹样的外延与内涵，表达了"图必有意，意必吉祥"的世俗心境，表现了明代百姓热爱生活、追求幸福的愿景，是中国世俗文化和吉祥文化的典型代表。清代，工艺美术繁缛纤巧、仿古仿真。清代瓷器缠枝纹繁缛、富丽、风情万种，牡丹花冠丰满，象征雍容华贵；石榴、莲蓬多子，象征子孙满堂；葫芦、葡萄藤蔓缠绕，象征福寿绵延；灵芝形似如意，象征如意长寿……清代的这些吉祥装饰观念，在受到外来巴洛克、

洛可可的装饰风格影响之后，呈现出了中外融合的瑰丽风格。

在本著作即将出版之际，感谢湖北省公益学术著作出版专项资金的支持，感谢武汉理工大学出版社的支持，感谢宁波职业技术学院支持《中国瓷器缠枝纹装饰（清）》（NZ23CB01）作为校级专项课题立项！感谢武汉大学哲学院教授、湖北省美学学会会长范明华先生为本书作序，感谢武汉理工大学出版社史卫国老师、《武汉理工大学学报》（社会科学版）编辑部韩文革老师的指导、关怀！感谢宁波职业技术学院校领导、各部门的关怀，尤其感谢科研处的支持和培育，特别感谢杨林生教授的悉心指导，感谢丝路艺术研究中心每个成员的辛苦付出。感谢这十年间，支持、帮助该研究的所有的师长、朋友、亲人们，是你们一如既往无私的帮助让这个研究项目持续到了今天。

瓷器，是火与土的艺术，让我们在这辉煌的艺术和文明中陶醉。我们将不断努力，不断汇聚我们内心的光和热，为挚爱的事业而努力攀登。

最后，文中难免有不足之处，敬请各位专家学者批评指正！